貯められない人のための貯める技術

KAKEBO

Agenda de finanças pessoais

貯められない人のための貯める技術

KAKEBO

Agenda de finanças pessoais

TRADUÇÃO
Sandra Martha Dolinski

10ª edição

Rio de Janeiro | 2024

CIP-BRASIL. CATALOGAÇÃO NA PUBLICAÇÃO
SINDICATO NACIONAL DOS EDITORES DE LIVROS, RJ

B562k Blackie, Comité
10. ed. Kakebo / Comité Blackie ; tradução: Sandra Martha Dolinsky. - 10. ed. - Rio de
Janeiro : Best*Seller*, 2024.
il.

Tradução de: Kakebo
ISBN 978-85-7684-060-2

1. Finanças pessoais. 2. Planejamento - Brasil. 3. Segurança financeira.
I. Título.

14-10351

CDD: 332.024
CDU: 330.567.2

Texto revisado segundo o novo Acordo Ortográfico da Língua Portuguesa.

Título original
KAKEBO
Copyright © 2013 by
Livro e ideia original: Blackie Books S.L.U.
Texto: Raúl Sánchez Serrano
Ilustrações: Cristóbal Fortúnez

Copyright da tradução © 2014 by Editora Best*Seller* Ltda.
Publicado mediante acordo com Blackie Books S.L.U. e com a MB Agencia Literaria S.L.
Editoração eletrônica: Renata Vidal da Cunha

Impressão e acabamento: Plena Print

Direitos exclusivos de publicação em língua portuguesa para o Brasil adquiridos pela
EDITORA BEST SELLER LTDA.
Rua Argentina, 171, parte, São Cristóvão – Rio de Janeiro, RJ – 20921-380
que se reserva a propriedade literária desta tradução

Impresso no Brasil

ISBN 978-85-7684-060-2

Seja um leitor preferencial Record.
Cadastre-se e receba informações sobre
nossos lançamentos e nossas promoções.
Atendimento e venda direta ao leitor
sac@record.com.br

EDITORA AFILIADA

O QUE É UM *KAKEBO*?

Há muito mais palavras japonesas que fazem parte de nossa vida cotidiana do que acreditamos: certamente você já viu na televisão os desastres causados por um *tsunami*, já soltou a voz em um *karaokê* num sábado à noite, fez *caratê* como atividade esportiva, come *sushi* de vez em quando e já abandonou pela metade mais de um *sudoku*, só para citar alguns exemplos. Porém, com certeza você nunca ouviu falar da palavra *kakebo*: também provém do japonês, e a soma dos três caracteres com os quais é escrita (家計簿) significa literalmente "livro de contas para a economia doméstica". Algo aparentemente tão simples é um verdadeiro fenômeno no Japão, onde centenas de milhares de pessoas o utilizam diariamente para manter na linha os gastos familiares e administrar até o último centavo que entra e sai na casa. Sua popularidade é tanta que a cada ano é lançada uma infinidade de modelos adaptados a todo tipo de público, desde famílias numerosas ou casais sem filhos até pessoas solteiras e também adolescentes. Tanto para quem é da área de humanas como de exatas, o *kakebo* é a ferramenta por excelência e a mais fácil para organizar as finanças pessoais. Você sempre saberá quanto gastou no jantar (ou no *sushi*) de sábado à noite e na festa (ou no *karaokê*) depois.

POR QUE FIZEMOS ESTE *KAKEBO*?

Hoje em dia, consumir é um ato que muitas vezes atende mais ao desejo que à verdadeira necessidade. O ato de comprar exige uma reflexão sobre suas consequências que poucas vezes fazemos. É uma ação automática e até mesmo irracional. Por acaso sabemos onde se produz tudo o que chega a nossas mãos? Quem o fabrica? Em que condições? Compramos produtos ou marcas? Pensamos realmente se precisamos de tudo o que compramos? As coisas realmente valem o que está na etiqueta de preço? O mundo material tem suas coisas boas, mas talvez estejamos perdendo a capacidade de dar àquilo que nos cerca o valor que merece, e de compartilhar com os outros o que temos.

Tudo tem o valor que quisermos dar: muitas são as coisas que custam muito pouco e cujo valor não se paga com dinheiro.

PARA QUE SERVE?

O dinheiro controla você? Acha que gasta muito com caprichos e muito pouco para alimentar seu espírito? Suas contas são uma bagunça? Você começa a tremer cada vez que o fim do mês se aproxima? Está sempre duro?

Desmembre seus gastos mensais e semanais, controle seu consumo diário e analise os resultados mês a mês.

Aprenda a priorizar e a categorizar seus gastos de acordo com suas necessidades diárias e exerça um consumo responsável.

O Kakebo o ajudará a observar seu consumo diário e a refletir sobre ele de uma maneira objetiva, para poder substituir seus maus hábitos por outros melhores.

COMO FUNCIONA?

O Kakebo não vai fazer milagres por você, só vai ajudá-lo no caminho. A chave está em suas mãos. Defina seus próprios objetivos, siga as diretrizes e mantenha o ritmo.

O Kakebo não é um método, e sim uma ferramenta. Vai ajudá-lo a organizar seus gastos de maneira sistemática e fácil.

Você decide como fará, de acordo com seus objetivos e necessidades. Não há nenhum plano estabelecido de antemão, apenas algumas diretrizes para tornar o trajeto mais fácil.

Com um calendário flexível, você pode começar quando quiser e avançar mês a mês, até completar o ciclo anual. Utilize-o da maneira mais prática e criativa que puder e deixe-o com a sua cara.

家計簿の使い方

O KAKEBO
PASSO A PASSO

Nas páginas seguintes, você
encontrará tudo que precisa saber para
tirar o máximo proveito de seu Kakebo.
Preste atenção nos **conselhos** do
porquinho e não se esqueça de dar
uma olhada no tópico de **dúvidas**
antes de começar.

O KAKEBO PASSO A PASSO

Ponha as cartas na mesa a cada início de mês e determine quais são seus faturamentos e quais são suas despesas fixas. A diferença entre ambos lhe permitirá saber quanto dinheiro tem para passar o mês.

FATURAMENTOS. Registre neste quadro **a data, o valor e o título dos últimos faturamentos** que tiver recebido e calcule o total.

[**Leia dúvidas 1, 2, 3**]

DESPESAS FIXAS. São todos aqueles gastos que ocorrem de maneira regular mês a mês.
Anote aqui o valor de todas as contas que tiver que pagar no mês em curso.

[**Leia dúvidas 4, 5**]

Conselho: Arredonde os valores para números inteiros, sem centavos, assim facilitará o cálculo dos totais.

Há os **invariáveis**, por exemplo: aluguel, financiamento, plano de telefone fixo e internet, transporte público, academia ou algum curso (educação), gastos escolares das crianças (colégio), estacionamento, taxa de autônomo caso trabalhe por conta própria, plano de saúde, créditos e dívidas etc.

ORGANIZE SEUS FATURAMENTOS E GASTOS MENSAIS

Faturamentos

Data:	Título:	Valor:	Data:	Título:	Valor:
28/08	SALÁRIO	R$ 3.150	/		
27/08	Presente da mamãe	R$ 500	/		
/			TOTAL	❶	R$ 3.650

Gastos fixos

	Valor:		Valor:		Valor:		Valor:
Aluguel/financiamento: Apto dividido	R$ 840	Taxa autônomo		...		...	
Água		Plano de saúde		...		...	
Luz	R$ 75	Escola		...		...	
Gás	R$ 60	Créditos/dívidas Computador	R$ 60	...		...	
Telefone fixo/Internet	R$ 69	YOGA	R$ 120	...		...	
Celular	R$ 120	...		...		...	
Transporte público	R$ 150	...		...		...	
Estacionamento		...		...		...	
Academia		...		...		...	
Educação	R$ 240	...		TOTAL	❷	R$ 1.704	

xx

E também os **estimados**: são aqueles cujo valor varia em função do consumo, por exemplo, **gás, água, luz**, serviços **(celular)** etc.

Conselho: Quando fizer um cálculo estimado de algum gasto, você **pode se basear em contas anteriores e fazer a média** de alguns meses para que sirva de orientação. E não tenha receio de arredondar para mais.

Você pode utilizar as casas em branco se precisar relacionar algum gasto fixo que não esteja na lista, como **impostos especiais** (IPVA, IPTU, licenciamento de veículos), **condomínio** etc.

Defina seu objetivo mensal

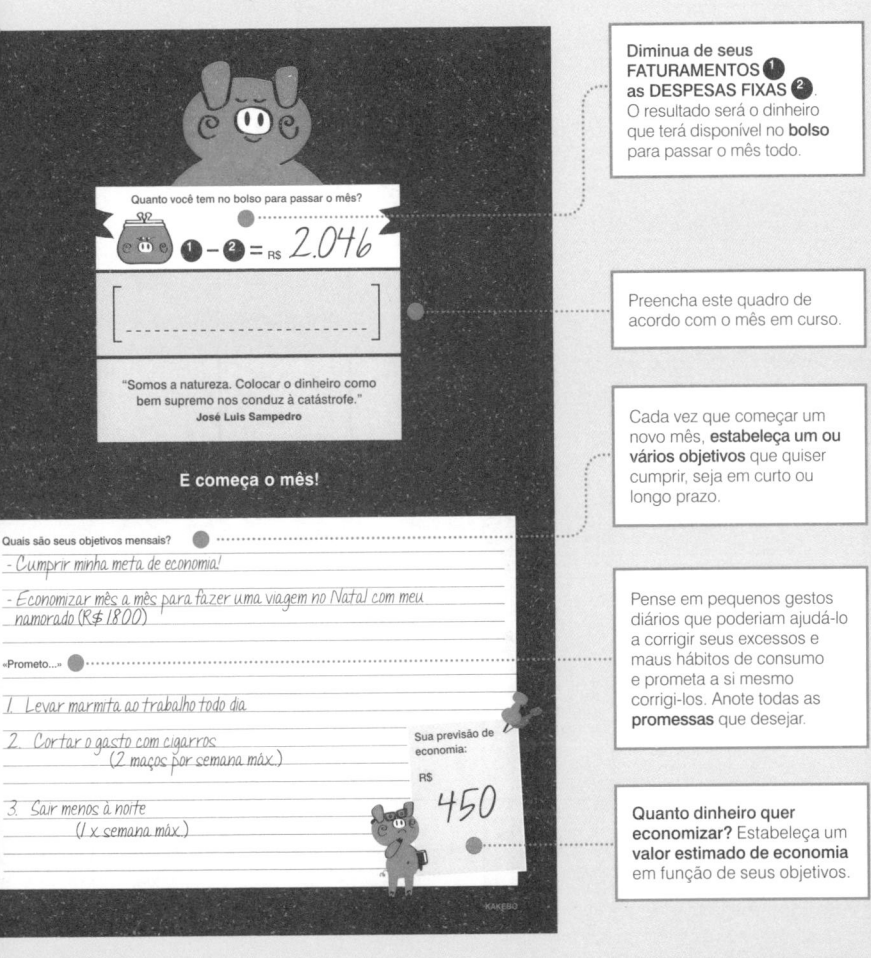

Quanto você tem no bolso para passar o mês?

1 − **2** = R$ *2.046*

"Somos a natureza. Colocar o dinheiro como bem supremo nos conduz à catástrofe."
José Luis Sampedro

E começa o mês!

Quais são seus objetivos mensais?

- *Cumprir minha meta de economia!*
- *Economizar mês a mês para fazer uma viagem no Natal com meu namorado (R$ 1800)*

«Prometo...»

1. Levar marmita ao trabalho todo dia

2. Cortar o gasto com cigarros (2 maços por semana máx.)

3. Sair menos à noite (1 x semana máx.)

Sua previsão de economia:

R$ *450*

Diminua de seus FATURAMENTOS ❶ as DESPESAS FIXAS ❷. O resultado será o dinheiro que terá disponível no **bolso** para passar o mês todo.

Preencha este quadro de acordo com o mês em curso.

Cada vez que começar um novo mês, **estabeleça um ou vários objetivos** que quiser cumprir, seja em curto ou longo prazo.

Pense em pequenos gestos diários que poderiam ajudá-lo a corrigir seus excessos e maus hábitos de consumo e prometa a si mesmo corrigi-los. Anote todas as **promessas** que desejar.

Quanto dinheiro quer economizar? Estabeleça um **valor estimado de economia** em função de seus objetivos.

[DÚVIDAS]

1. Comecei o Kakebo após o início do mês... como devo preencher meus faturamentos e gastos fixos? A maneira correta de utilizar o Kakebo é começar na primeira segunda-feira do mês. Dessa forma será mais fácil e realista preencher seus faturamentos e gastos mensais e semanais e você terá mais pontos para chegar ao fim do mês com algum dinheiro na carteira. No entanto, se decidir começar no meio do mês, tente calcular o dinheiro que gastou e diminuí-lo de seu faturamento antes de preencher o quadro. Além disso, não inclua as contas que já pagou. Você sempre poderá corrigir esses problemas no mês seguinte. **2. Trabalho por conta própria. Como computo minhas contas?** Anote todas as contas a receber que tenham sido saldadas no mês anterior ou que vençam durante o mês em curso. Escolha uma das duas opções, mas sempre será mais realista contar com um dinheiro que você já tem na mão do que com um possível recebimento. Não importa a opção que escolher, é importante que a mantenha durante o ano todo; não vale mudar nem trapacear. **3. Se recebo um dinheiro inesperado, onde o anoto? Neste mês? No seguinte?** A) Guarde-o até o mês que vem e não o faça constar como faturamento até então. B) Sempre que sua economia permitir e não for representar a diferença entre chegar ao fim do mês ou não, coloque-o em um cofrinho, uma poupança etc. A melhor maneira de economizar dinheiro é esquecer que ele existe.

O KAKEBO PASSO A PASSO

Ponha em dia seus gastos semanais

O desmembramento de gastos semanais é a parte que requer mais constância e onde ficam registradas as compras que vamos realizando no dia a dia.

Conselho: A maneira mais prática de fazer o diário de gastos por dia é guardar todos os comprovantes de compra durante o período e anotar tudo antes de ir dormir, no café da manhã.

Neste quadro você pode organizar e ir registrando o título e o valor de suas compras diárias.

Preencha este espaço com o nome do mês em curso.

Cada coluna corresponde a um **dia**. Preencha com o número referente ao dia em curso.

Cada fila é uma **categoria** de acordo com a natureza do gasto.

Na última fila, anote o **total diário** de suas compras.

[JUNHO] DIÁRIO DE GASTOS

	Segunda [2]	Terça [3]	Quarta [4]	Quinta [
SOBREVIVÊNCIA	Supermercado R$ 150			Veterinário Blackie R$
LAZER E VÍCIOS		Cigarros R$ 15	Café (BAR) R$ 9	Jantar em c (pizza) R$ 2
CULTURA		Cinema R$ 27	Livros aula francês R$ 60	
EXTRAS	Presente pai R$ 60			
TOTAL	R$ 210	R$ 42	R$ 69	R$ 144

xx

Some todos os totais ao finalizar a semana para obter o **total semanal**.

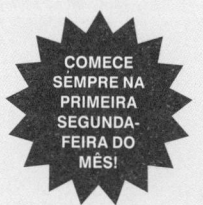

COMECE SEMPRE NA PRIMEIRA SEGUNDA-FEIRA DO MÊS!

EXTRAS: São aqueles gastos que não se encaixam em nenhuma das categorias anteriores. Como emergências, ocorrências excepcionais que requerem um desembolso ou objetos e serviços que tenham dura ção muito longa:

Viagens: Transporte, alojamento e alimentação / **Presentes**: Aniversár Natal, Dia dos Namorados / **Consertos**: Consertos da casa ou do carr por exemplo: goteiras, pintura, telhados, troca de pneus, licenciamento do carro / **Coisas do lar**: Mobiliário, iluminação, eletrodomésticos, de coração, roupa de cama e mesa, utensílios de cozinha, ferramentas de bricolagem / **Eletrônicos**: Televisão, aparelho de som, computador, câmera fotográfica, celular.

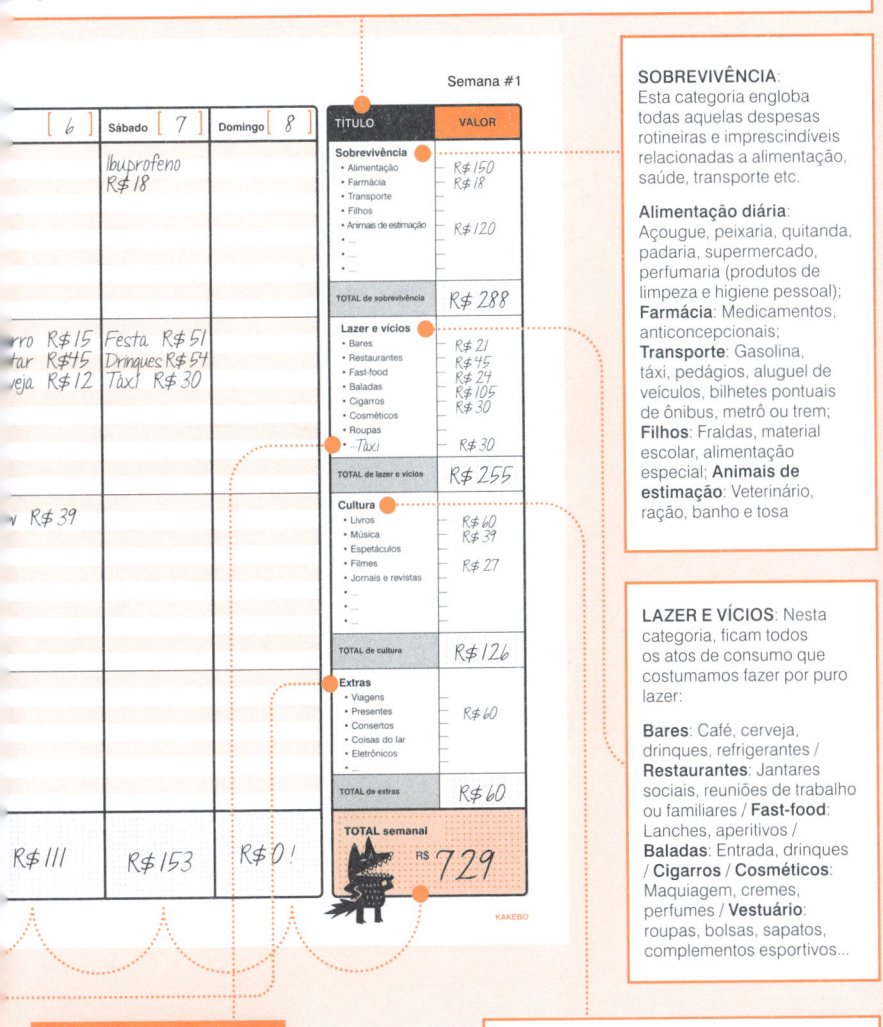

Semana #1

	Sábado [7]	Domingo [8]	TÍTULO	VALOR
[6]	Ibuprofeno R$ 18		**Sobrevivência**	
			• Alimentação	R$ 150
			• Farmácia	R$ 18
			• Transporte	
			• Filhos	
			• Animais de estimação	R$ 120
			• ...	
			• ...	
			• ...	
			TOTAL de sobrevivência	R$ 288
rro R$ 15	Festa R$ 51		**Lazer e vícios**	
tar R$ 45	Drinques R$ 54		• Bares	R$ 21
eja R$ 12	Táxi R$ 30		• Restaurantes	R$ 45
			• Fast-food	R$ 24
			• Baladas	R$ 105
			• Cigarros	R$ 30
			• Cosméticos	
			• Roupas	
			...Táxi	R$ 30
			TOTAL de lazer e vícios	R$ 255
v R$ 39			**Cultura**	
			• Livros	R$ 60
			• Música	R$ 39
			• Espetáculos	
			• Filmes	R$ 27
			• Jornais e revistas	
			• ...	
			• ...	
			TOTAL de cultura	R$ 126
			Extras	
			• Viagens	
			• Presentes	R$ 60
			• Consertos	
			• Coisas do lar	
			• Eletrônicos	
			• ...	
			TOTAL de extras	R$ 60
R$ 111	R$ 153	R$ 0 !	**TOTAL semanal**	R$ 729

KAKEBO

SOBREVIVÊNCIA: Esta categoria engloba todas aquelas despesas rotineiras e imprescindíveis relacionadas a alimentação, saúde, transporte etc.

Alimentação diária: Açougue, peixaria, quitanda, padaria, supermercado, perfumaria (produtos de limpeza e higiene pessoal); **Farmácia**: Medicamentos, anticoncepcionais; **Transporte**: Gasolina, táxi, pedágios, aluguel de veículos, bilhetes pontuais de ônibus, metrô ou trem; **Filhos**: Fraldas, material escolar, alimentação especial; **Animais de estimação**: Veterinário, ração, banho e tosa

LAZER E VÍCIOS: Nesta categoria, ficam todos os atos de consumo que costumamos fazer por puro lazer:

Bares: Café, cerveja, drinques, refrigerantes / **Restaurantes**: Jantares sociais, reuniões de trabalho ou familiares / **Fast-food**: Lanches, aperitivos / **Baladas**: Entrada, drinques / **Cigarros** / **Cosméticos**: Maquiagem, cremes, perfumes / **Vestuário**: roupas, bolsas, sapatos, complementos esportivos...

Conselho: Anote nos espaços vazios no final de cada lista de títulos qualquer outro gasto que possa ter tido e que não apareça. Por exemplo, em SOBREVIVÊNCIA, uma visita ao dentista; em EXTRAS, correio, material de escritório etc.

CULTURA: São todas aquelas atividades ou objetos que não só nos dão momentos de lazer, mas também nos enriquecem intelectual ou fisicamente:

Livros / **Música**: Discos (CD, DVD, vinil), serviços de download pela internet / **Espetáculos**: Concertos, teatro, festivais de música / **Filmes**: Salas de cinema, festivais, DVDs, serviços streaming de filmes / **Jornais e revistas**: Jornais, revistas, banca de jornal...

Faça o balanço a cada fim de mês

Ao fim cada mês, chega a hora da verdade. Começa a batalha entre o porquinho da economia e o lobo dos gastos.

Anote o total de **despesas de cada semana** do mês.

A soma de todos os **totais semanais** dá como resultado o **total de gastos mensais**.

Você se lembra do quanto tinha no **bolso**? Volte ao começo do mês e veja o valor.

O lobo representa o **total de seus gastos mensais**.

A subtração do **total de seus gastos mensais** de sua **carteira inicial** dá como resultado sua **carteira** neste momento, ou seja, sua **economia mensal**. Procure não deixar que o valor seja negativo!

Revise seus objetivos e **promessas**: cada fim de mês também suscita uma reflexão. Observar seus gastos não vai adiantar nada sem um pouco de autocrítica e avaliação dos pontos fortes e fracos.

Conselho: Refletir sobre seus objetivos e promessas lhe dará confiança para começar o mês seguinte. Faça isso com honestidade e não se deixe influenciar pelo resultado se não for tão bom quanto esperava. Sempre há tempo de mudar.

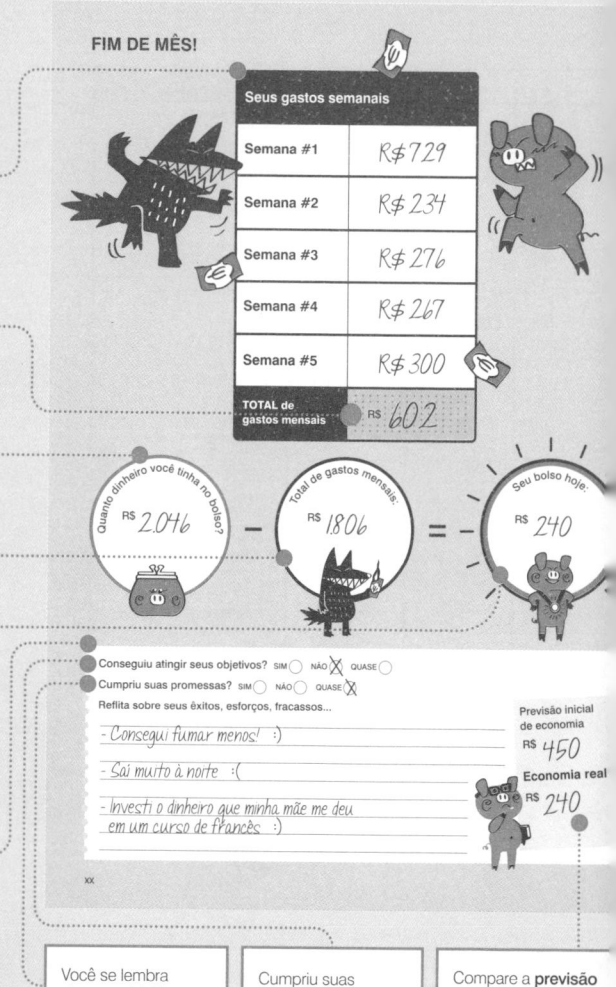

FIM DE MÊS!

Seus gastos semanais

Semana #1	R$ 729
Semana #2	R$ 234
Semana #3	R$ 276
Semana #4	R$ 267
Semana #5	R$ 300
TOTAL de gastos mensais	R$ 602

Quanto dinheiro você tinha no bolso? R$ 2.046

Total de gastos mensais: R$ 1806

Seu bolso hoje: R$ 240

Conseguiu atingir seus objetivos? SIM ◯ NÃO ✗ QUASE ◯
Cumpriu suas promessas? SIM ◯ NÃO ◯ QUASE ✗
Reflita sobre seus êxitos, esforços, fracassos...

- Consegui fumar menos! :)
- Saí muito à noite :(
- Investi o dinheiro que minha mãe me deu em um curso de francês :)

Previsão inicial de economia R$ 450

Economia real R$ 240

xx

Você se lembra de seus **objetivos mensais**? Conseguiu atingi-los? Avalie se cumpriu todos eles ou se é uma questão de se dar um pouco mais de tempo.

Cumpriu suas **promessas**? Recorde e anote se cumpriu todas as suas promessas, nenhuma ou só algumas delas.

Compare a **previsão inicial de economia** que fez no início do mês com sua economia real. Se não conseguiu atingi-la, talvez seja muito ambiciosa para um prazo tão curto, ou você tenha gastado mais do que o previsto.

Gastos com sobrevivência		Gastos com lazer e vícios		Gastos com cultura	
Semana #1	R$ 288	Semana #1	R$ 255	Semana #1	R$ 126
Semana #2	R$ 114	Semana #2	R$ 66	Semana #2	R$ 54
Semana #3	R$ 126	Semana #3	R$ 96	Semana #3	R$ 54
Semana #4	R$ 120	Semana #4	R$ 72	Semana #4	R$ 45
Semana #5	R$ 129	Semana #5	R$ 105	Semana #5	R$ 33
TOTAL	R$ 777	TOTAL	R$ 594	TOTAL	R$ 312

Gastos extras		Gastos com CIGARROS		Gastos com ...	
Semana #1	R$ 60	Semana #1	R$ 30	Semana #1	
Semana #2	—	Semana #2	R$ 30	Semana #2	
Semana #3	—	Semana #3	R$ 30	Semana #3	
Semana #4	R$ 30	Semana #4	R$ 30	Semana #4	
Semana #5	R$ 33	Semana #5	R$ 15	Semana #5	
TOTAL	R$ 123	TOTAL	R$ 135	TOTAL	

Gastos com ...		Gastos com ...		Gastos com ...	
Semana #1		Semana #1		Semana #1	
Semana #2		Semana #2		Semana #2	
Semana #3		Semana #3		Semana #3	
Semana #4		Semana #4		Semana #4	
Semana #5		Semana #5		Semana #5	
TOTAL		TOTAL		TOTAL	

Anote nas tabelas correspondentes os gastos semanais e o total mensal de cada categoria (**sobrevivência, lazer e vícios, cultura e gastos extras**). No fim do ano, você vai precisar saber o total de cada uma para poder fazer um **gráfico de balanço anual**. Também será útil adquirir pouco a pouco **consciência** de seus **hábitos** e de **onde seu dinheiro vai parar**; por exemplo, se precisa cortar seus **gastos com lazer e vícios**, **investir** mais em **cultura** etc.

Conselho: Você pode preencher o resto das tabelas em branco com os gastos que queira ir controlando periodicamente. Por exemplo: **cigarros, celular, gasolina** etc.

ATENÇÃO!
1. Este Kakebo é um **diário mensal com calendário flexível: você pode começar a usá-lo no mês que desejar.** Cada mês tem cinco semanas, de modo que sempre terá espaço para os dias do mês.
2. Para que você possa manter um orçamento equilibrado a cada mês, sem deixar semanas ou dias vazios, **deve começar a usar o Kakebo na primeira segunda-feira do mês.** Dessa forma, poderá contabilizar seus gastos diários em semanas completas sempre que for possível, e, além disso, aproveitar o domingo para fazer suas contas semanais. 3. Caso o mês não termine no domingo, **você pode passar os últimos dias do mês atual para o seguinte, ou adiantar os dias do mês seguinte para o mês em curso.** Dessa forma, você sempre poderá calcular seus gastos em semanas inteiras. Por exemplo, outubro de 2014 termina numa sexta. Assim, você pode passar os dias 1º e 2 de novembro para outubro e completar a semana.

[DÚVIDAS]

4. E quando chegar a conta do que realmente gastei e for diferente de minha estimativa? A) Se o valor for menor que sua estimativa ou a diferença entre ambos não for relevante, você pode ignorá-lo e se basear nisso para ajustar mais sua previsão à realidade a próxima vez. B) Se tiver que pagar bem mais do que esperava, você pode relacionar a diferença como um gasto extra no diário de gastos semanais no dia que receber a conta. **5. Nem todos os meus gastos são mensais; alguns são anuais ou trimestrais.** A) Simplesmente relacione o gasto no mês em que a conta vai vencer, seja ela trimestral ou anual. B) Você também pode fazer uma estimativa e fracionar o valor mês a mês, assim, doerá menos quando chegar a hora de pagar.

POUPO OU GASTO?

Você tem algum dinheiro extra? Está pensando em comprar algo em particular, mas não se decide? Este gráfico pode ajudá-lo a discernir se é conveniente fazer a despesa ou se, ao contrário, é melhor guardar esse dinheiro no cofrinho, ou gastá-lo com algo mais útil. Pense sempre antes de comprar.

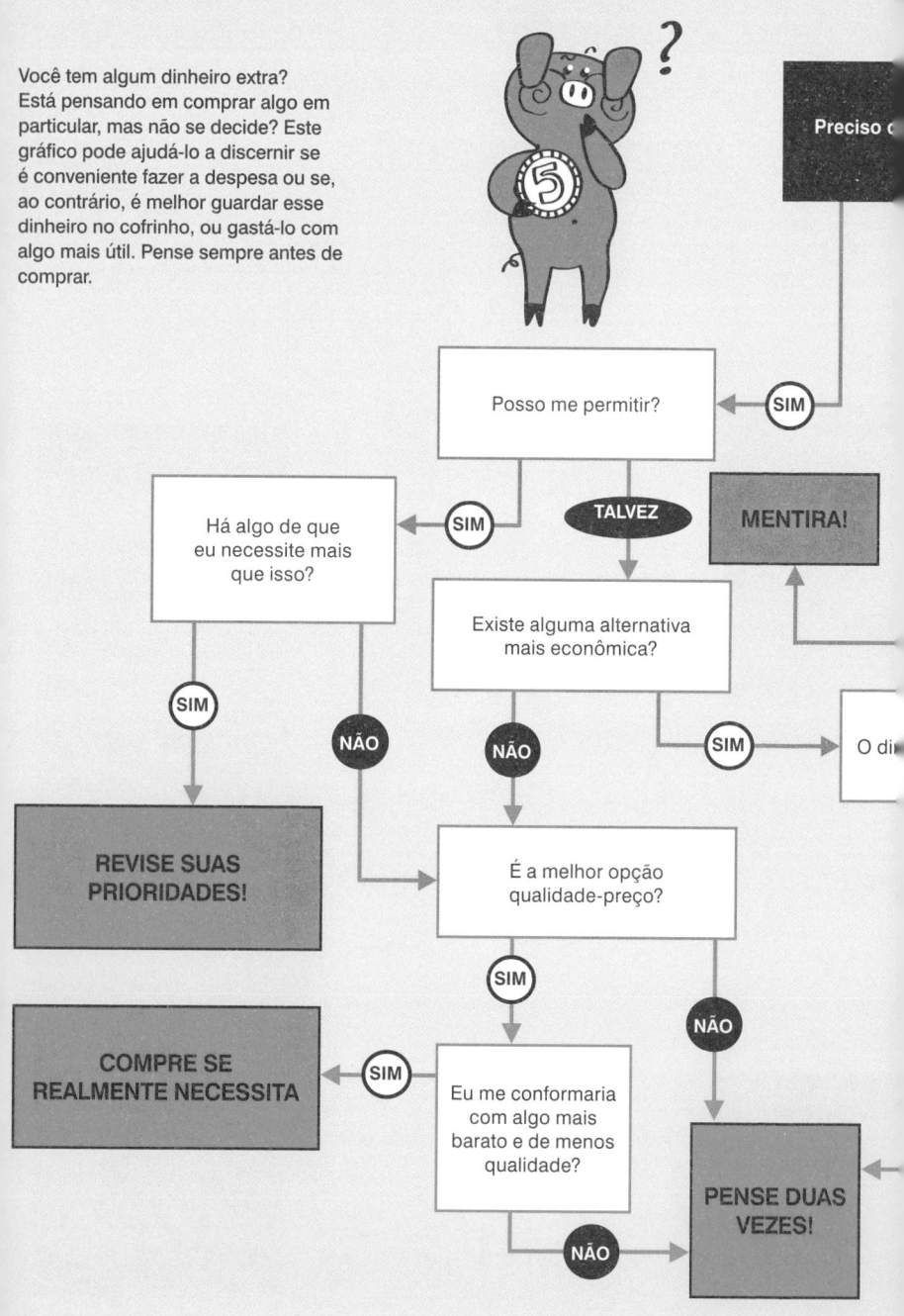

O PORQUINHO DA ECONOMIA

Segundo a tradição, o porco é um símbolo de futuro e prosperidade. De sua carne se aproveita quase tudo, e bem-conservada é uma fonte de alimento que pode durar longas temporadas. Os cofrinhos em forma de porquinho provêm da assimilação dos vocábulos ingleses *pig* (porco) e *pygg*, um tipo de argila cor de laranja que outrora era utilizada para fabricar utensílios caseiros, entre eles, panelas e jarros nos quais eram guardadas moedas. Procure alimentar seu porquinho com moedas sempre que puder; e proteja-o do lobo!

O LOBO DOS GASTOS

O lobo é um dos animais caçadores por excelência. Carnívoro e persistente, o gado pode ser um verdadeiro banquete para ele. Neste Kakebo, o gasto é representado por um lobo voraz, que a cada fim de mês trava uma batalha contra o porquinho da economia. Procure não o alimentar muito com seus gastos e não deixe que meta os dentes em seu porquinho, ou poderá se encontrar em apuros.

omprar?

NÃO → É para mim?

Poderia fazer alguém feliz com esse dinheiro? ← SIM — NÃO → Posso dividi-lo com alguém?

SIM →

O

SIM

obrando?

SIM

NÃO

É um presente? ← SIM

Vou chegar ao fim do mês?

SIM → NÃO →

NÃO → É por uma boa causa?

NÃO HESITE MAIS! ← SIM

NÃO

NÃO

O QUE VOCÊ TEM NA CABEÇA?!

16

E COMEÇA O ANO!

Agora sim começa o desafio. É hora de pôr em prática tudo o que você aprendeu no manual. Temos certeza de que nada voltará a ser como antes. Seja **paciente** e **perseverante**. Você verá como logo vai começar a funcionar.

ORGANIZE SEUS FATURAMENTOS E SUAS DESPESAS MENSA

Faturamentos

Data:	Título:	Valor:	Data:	Título:	Valor:
/			/		
Data: /	Título:	Valor:	Data: /	Título:	Valor:
Data: /	Título:	Valor:	**TOTAL**		**1** R$

Despesas fixas

	Valor:		Valor:	...	Valor:	...	Valor:
Aluguel / Financia-mento		Taxa de autônomo		...		...	
Água	Valor:	Plano de saúde	Valor:	...	Valor:	...	Valor:
Luz	Valor:	Colégio	Valor:	...	Valor:	...	Valor:
Gás	Valor:	Créditos e dívidas	Valor:	...	Valor:	...	Valor:
Telefone fixo/ Internet	Valor:	...	Valor:	...	Valor:	...	Valor:
Celular	Valor:	...	Valor:	...	Valor:	...	Valor:
Transporte	Valor:	...	Valor:	...	Valor:	...	Valor:
Estaciona-mento	Valor:	...	Valor:	...	Valor:	...	Valor:
Academia	Valor:	...	Valor:	...	Valor:	...	Valor:
Educação	Valor:	...	Valor:	**TOTAL**		**2** R$	

Quanto você tem no bolso para passar o mês?

  = R$

[-]

"Somos a natureza. Colocar o dinheiro como
bem supremo nos conduz à catástrofe."
José Luis Sampedro

Começa o mês!

uais são seus objetivos mensais?

"rometo..."

Sua previsão de
economia

R$

KAKEBO

DIÁRIO DE GASTOS

	Segunda [ ]	Terça [ ]	Quarta [ ]	Quinta [
SOBREVIVÊNCIA				
LAZER E VÍCIOS				
CULTURA				
EXTRAS				
TOTAL				

		Sábado [ ]	Domingo [ ]
:a [ ]			

TÍTULO	VALOR
Sobrevivência	
• Alimentação	
• Farmácia	
• Transporte	
• Filhos	
• Animais de estimação	
• ...	
• ...	
• ...	
TOTAL de sobrevivência	
Lazer e vícios	
• Bares	
• Restaurantes	
• Fast-food	
• Baladas	
• Cigarros	
• Cosméticos	
• Roupas	
• ...	
TOTAL de lazer e vícios	
Cultura	
• Livros	
• Música	
• Espetáculos	
• Filmes	
• Jornais e revistas	
• ...	
• ...	
• ...	
TOTAL de cultura	
Extras	
• Viagens	
• Presentes	
• Consertos	
• Coisas do lar	
• Eletrônicos	
• ...	
TOTAL de extras	
TOTAL semanal R$	

	Segunda [ ]	Terça [ ]	Quarta [ ]	Quinta [
SOBREVIVÊNCIA				
LAZER E VÍCIOS				
CULTURA				
EXTRAS				
TOTAL				

...a [ ]	Sábado [ ]	Domingo [ ]	TÍTULO	VALOR
			Sobrevivência	
			• Alimentação	
			• Farmácia	
			• Transporte	
			• Filhos	
			• Animais de estimação	
			• ...	
			• ...	
			• ...	
			TOTAL de sobrevivência	
			Lazer e vícios	
			• Bares	
			• Restaurantes	
			• Fast-food	
			• Baladas	
			• Cigarros	
			• Cosméticos	
			• Roupas	
			• ...	
			TOTAL de lazer e vícios	
			Cultura	
			• Livros	
			• Música	
			• Espetáculos	
			• Filmes	
			• Jornais e revistas	
			• ...	
			• ...	
			• ...	
			TOTAL de cultura	
			Extras	
			• Viagens	
			• Presentes	
			• Consertos	
			• Coisas do lar	
			• Eletrônicos	
			• ...	
			TOTAL de extras	
			TOTAL semanal R$	

[_____]

	Segunda [ ]	Terça [ ]	Quarta [ ]	Quinta [
SOBREVIVÊNCIA				
LAZER E VÍCIOS				
CULTURA				
EXTRAS				
TOTAL				

a [ ]	Sábado [ ]	Domingo [ ]

TÍTULO	VALOR
Sobrevivência	
• Alimentação	
• Farmácia	
• Transporte	
• Filhos	
• Animais de estimação	
• ...	
• ...	
• ...	
TOTAL de sobrevivência	
Lazer e vícios	
• Bares	
• Restaurantes	
• Fast-food	
• Baladas	
• Cigarros	
• Cosméticos	
• Roupas	
• ...	
TOTAL de lazer e vícios	
Cultura	
• Livros	
• Música	
• Espetáculos	
• Filmes	
• Jornais e revistas	
• ...	
• ...	
• ...	
TOTAL de cultura	
Extras	
• Viagens	
• Presentes	
• Consertos	
• Coisas do lar	
• Eletrônicos	
• ...	
TOTAL de extras	
TOTAL semanal R$	

KAKEBO

DIÁRIO DE GASTOS

	Segunda [ ]	Terça [ ]	Quarta [ ]	Quinta [
SOBREVIVÊNCIA				
LAZER E VÍCIOS				
CULTURA				
EXTRAS				
TOTAL				

		Sábado [ ]	Domingo [ ]	TÍTULO	VALOR
				Sobrevivência	
				• Alimentação	
				• Farmácia	
				• Transporte	
				• Filhos	
				• Animais de estimação	
				• ...	
				• ...	
				• ...	
				TOTAL de sobrevivência	
				Lazer e vícios	
				• Bares	
				• Restaurantes	
				• Fast-food	
				• Baladas	
				• Cigarros	
				• Cosméticos	
				• Roupas	
				• ...	
				TOTAL de lazer e vícios	
				Cultura	
				• Livros	
				• Música	
				• Espetáculos	
				• Filmes	
				• Jornais e revistas	
				• ...	
				• ...	
				• ...	
				TOTAL de cultura	
				Extras	
				• Viagens	
				• Presentes	
				• Consertos	
				• Coisas do lar	
				• Eletrônicos	
				• ...	
				TOTAL de extras	
				TOTAL semanal R$	

DIÁRIO DE GASTOS

	Segunda [ ]	Terça [ ]	Quarta [ ]	Quinta [
SOBREVIVÊNCIA				
LAZER E VÍCIOS				
CULTURA				
EXTRAS				
TOTAL				

		Sábado [ ]	Domingo [ ]

TÍTULO	VALOR
Sobrevivência	
• Alimentação	
• Farmácia	
• Transporte	
• Filhos	
• Animais de estimação	
• ...	
• ...	
• ...	
TOTAL de sobrevivência	
Lazer e vícios	
• Bares	
• Restaurantes	
• Fast-food	
• Baladas	
• Cigarros	
• Cosméticos	
• Roupas	
• ...	
TOTAL de lazer e vícios	
Cultura	
• Livros	
• Música	
• Espetáculos	
• Filmes	
• Jornais e revistas	
• ...	
• ...	
• ...	
TOTAL de cultura	
Extras	
• Viagens	
• Presentes	
• Consertos	
• Coisas do lar	
• Eletrônicos	
• ...	
TOTAL de extras	
TOTAL semanal R$	

FIM DE MÊS!

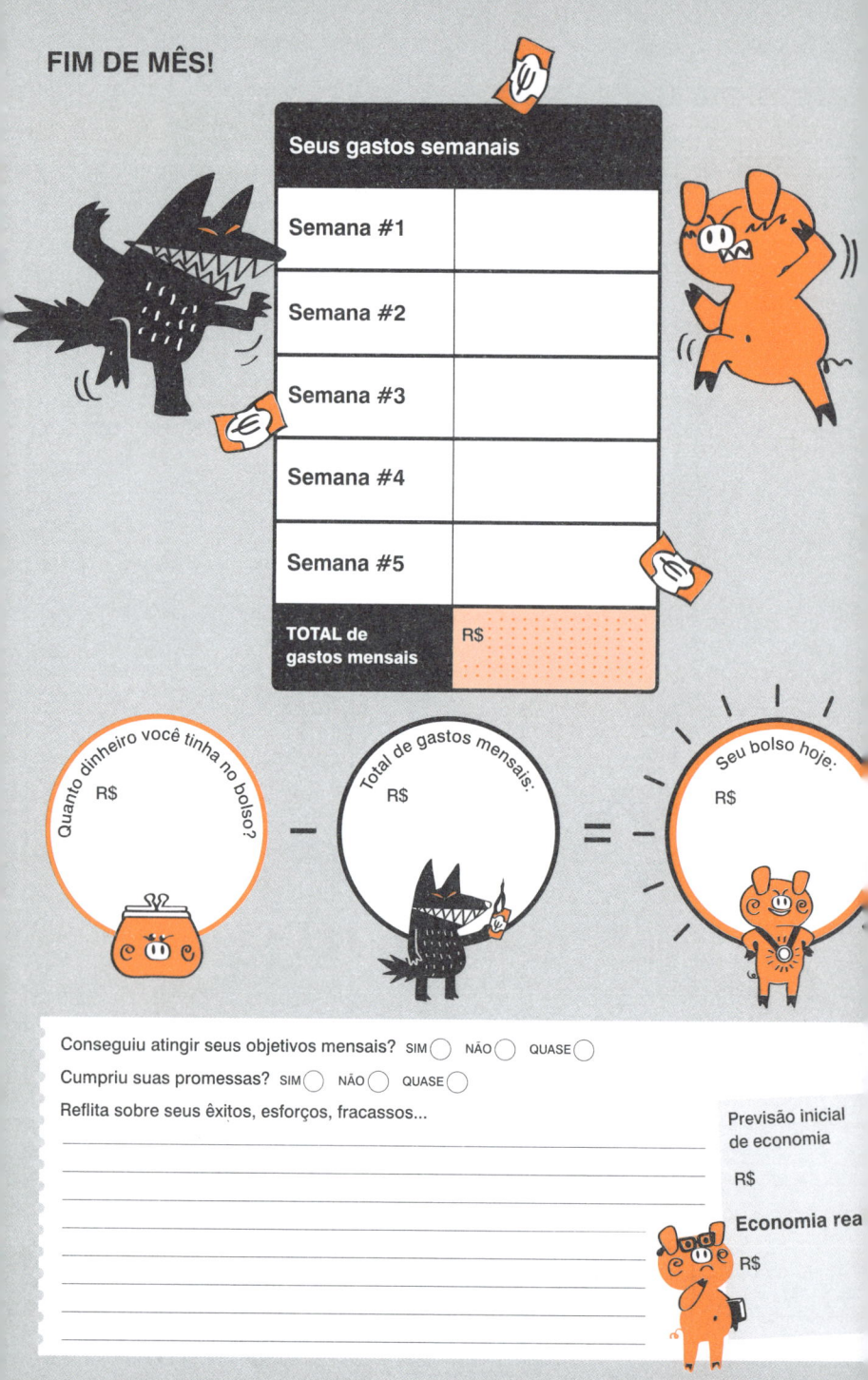

Seus gastos semanais

Semana #1	
Semana #2	
Semana #3	
Semana #4	
Semana #5	
TOTAL de gastos mensais	R$

Quanto dinheiro você tinha no bolso?
R$

−

Total de gastos mensais:
R$

=

Seu bolso hoje:
R$

Conseguiu atingir seus objetivos mensais? SIM◯ NÃO◯ QUASE◯

Cumpriu suas promessas? SIM◯ NÃO◯ QUASE◯

Reflita sobre seus êxitos, esforços, fracassos...

_____

Previsão inicial de economia

R$

Economia rea

R$

Gastos com sobrevivência	
Semana #1	
Semana #2	
Semana #3	
Semana #4	
Semana #5	
TOTAL	

Gastos com lazer e vícios	
Semana #1	
Semana #2	
Semana #3	
Semana #4	
Semana #5	
TOTAL	

Gastos com cultura	
Semana #1	
Semana #2	
Semana #3	
Semana #4	
Semana #5	
TOTAL	

Gastos extras	
Semana #1	
Semana #2	
Semana #3	
Semana #4	
Semana #5	
TOTAL	

Gastos com ...	
Semana #1	
Semana #2	
Semana #3	
Semana #4	
Semana #5	
TOTAL	

Gastos com ...	
Semana #1	
Semana #2	
Semana #3	
Semana #4	
Semana #5	
TOTAL	

Gastos com ...	
Semana #1	
Semana #2	
Semana #3	
Semana #4	
Semana #5	
TOTAL	

Gastos com ...	
Semana #1	
Semana #2	
Semana #3	
Semana #4	
Semana #5	
TOTAL	

Gastos com ...	
Semana #1	
Semana #2	
Semana #3	
Semana #4	
Semana #5	
TOTAL	

ORGANIZE SEUS FATURAMENTOS E SUAS DESPESAS MENSA[IS]

Faturamentos

Data: /	Título:	Valor:	Data: /	Título:	Valor:
Data: /	Título:	Valor:	Data: /	Título:	Valor:
Data: /	Título:	Valor:	**TOTAL**	**1** R$	

Despesas fixas

	Valor:		Valor:	...	Valor:	...	Valor:
Aluguel / Financiamento	Valor:	Taxa de autônomo	Valor:	...	Valor:	...	Valor:
Água	Valor:	Plano de saúde	Valor:	...	Valor:	...	Valor:
Luz	Valor:	Colégio	Valor:	...	Valor:	...	Valor:
Gás	Valor:	Créditos e dívidas	Valor:	...	Valor:	...	Valor:
Telefone fixo/ Internet	Valor:	...	Valor:	...	Valor:	...	Valor:
Celular	Valor:	...	Valor:	...	Valor:	...	Valor:
Transporte	Valor:	...	Valor:	...	Valor:	...	Valor:
Estacionamento	Valor:	...	Valor:	...	Valor:	...	Valor:
Academia	Valor:	...	Valor:	...	Valor:	...	Valor:
Educação	Valor:	...	Valor:	**TOTAL**	**2** R$		

Quanto você tem no bolso para passar o mês?

 **1** — **2** = R$

[------------------------------]

"Não há ninguém que se preocupe tanto com dinheiro quanto os ricos. Com exceção dos pobres."
Enrique Jardiel Poncela

Começa o mês!

uais são seus objetivos mensais?

"Prometo..."

Sua previsão de economia

R$

DIÁRIO DE GASTOS

	Segunda [ ]	Terça [ ]	Quarta [ ]	Quinta [
SOBREVIVÊNCIA				
LAZER E VÍCIOS				
CULTURA				
EXTRAS				
TOTAL				

a	[ ]	Sábado [ ]	Domingo [ ]	TÍTULO	VALOR
				Sobrevivência	
				• Alimentação	—
				• Farmácia	—
				• Transporte	—
				• Filhos	—
				• Animais de estimação	—
				• ...	—
				• ...	—
				• ...	—
				TOTAL de sobrevivência	
				Lazer e vícios	
				• Bares	—
				• Restaurantes	—
				• Fast-food	—
				• Baladas	—
				• Cigarros	—
				• Cosméticos	—
				• Roupas	—
				• ...	—
				TOTAL de lazer e vícios	
				Cultura	
				• Livros	—
				• Música	—
				• Espetáculos	—
				• Filmes	—
				• Jornais e revistas	—
				• ...	—
				• ...	—
				• ...	—
				TOTAL de cultura	
				Extras	
				• Viagens	—
				• Presentes	—
				• Consertos	—
				• Coisas do lar	—
				• Eletrônicos	—
				• ...	—
				TOTAL de extras	
				TOTAL semanal R$	

KAKEBO

	Segunda [ ]	Terça [ ]	Quarta [ ]	Quinta [
SOBREVIVÊNCIA				
LAZER E VÍCIOS				
CULTURA				
EXTRAS				
TOTAL				

ta [ ]	Sábado [ ]	Domingo [ ]

TÍTULO	VALOR
Sobrevivência	
• Alimentação	—
• Farmácia	—
• Transporte	—
• Filhos	—
• Animais de estimação	—
• ...	—
• ...	—
• ...	—
TOTAL de sobrevivência	
Lazer e vícios	
• Bares	—
• Restaurantes	—
• Fast-food	—
• Baladas	—
• Cigarros	—
• Cosméticos	—
• Roupas	—
• ...	—
TOTAL de lazer e vícios	
Cultura	
• Livros	—
• Música	—
• Espetáculos	—
• Filmes	—
• Jornais e revistas	—
• ...	—
• ...	—
• ...	—
TOTAL de cultura	
Extras	
• Viagens	—
• Presentes	—
• Consertos	—
• Coisas do lar	—
• Eletrônicos	—
• ...	—
TOTAL de extras	
TOTAL semanal R$	

KAKEBO

DIÁRIO DE GASTOS

	Segunda [ ]	Terça [ ]	Quarta [ ]	Quinta [
SOBREVIVÊNCIA				
LAZER E VÍCIOS				
CULTURA				
EXTRAS				
TOTAL				

ta [ ]	Sábado [ ]	Domingo [ ]

TÍTULO	VALOR
Sobrevivência	
• Alimentação	
• Farmácia	
• Transporte	
• Filhos	
• Animais de estimação	
• ...	
• ...	
• ...	
TOTAL de sobrevivência	
Lazer e vícios	
• Bares	
• Restaurantes	
• Fast-food	
• Baladas	
• Cigarros	
• Cosméticos	
• Roupas	
• ...	
TOTAL de lazer e vícios	
Cultura	
• Livros	
• Música	
• Espetáculos	
• Filmes	
• Jornais e revistas	
• ...	
• ...	
• ...	
TOTAL de cultura	
Extras	
• Viagens	
• Presentes	
• Consertos	
• Coisas do lar	
• Eletrônicos	
• ...	
TOTAL de extras	
TOTAL semanal R$	

DIÁRIO DE GASTOS

	Segunda [ ]	Terça [ ]	Quarta [ ]	Quinta [
SOBREVIVÊNCIA				
LAZER E VÍCIOS				
CULTURA				
EXTRAS				
TOTAL				

...ta [ ]	Sábado [ ]	Domingo [ ]

TÍTULO	VALOR
Sobrevivência	
• Alimentação	
• Farmácia	
• Transporte	
• Filhos	
• Animais de estimação	
• ...	
• ...	
• ...	
TOTAL de sobrevivência	
Lazer e vícios	
• Bares	
• Restaurantes	
• Fast-food	
• Baladas	
• Cigarros	
• Cosméticos	
• Roupas	
• ...	
TOTAL de lazer e vícios	
Cultura	
• Livros	
• Música	
• Espetáculos	
• Filmes	
• Jornais e revistas	
• ...	
• ...	
• ...	
TOTAL de cultura	
Extras	
• Viagens	
• Presentes	
• Consertos	
• Coisas do lar	
• Eletrônicos	
• ...	
TOTAL de extras	
TOTAL semanal R$	

KAKEBO

	Segunda [ ]	Terça [ ]	Quarta [ ]	Quinta [
SOBREVIVÊNCIA				
LAZER E VÍCIOS				
CULTURA				
EXTRAS				
TOTAL				

ta [ ]	Sábado [ ]	Domingo [ ]

TÍTULO	VALOR
Sobrevivência	
• Alimentação	—
• Farmácia	—
• Transporte	—
• Filhos	—
• Animais de estimação	—
• ...	—
• ...	—
• ...	—
TOTAL de sobrevivência	
Lazer e vícios	
• Bares	—
• Restaurantes	—
• Fast-food	—
• Baladas	—
• Cigarros	—
• Cosméticos	—
• Roupas	—
• ...	—
TOTAL de lazer e vícios	
Cultura	
• Livros	—
• Música	—
• Espetáculos	—
• Filmes	—
• Jornais e revistas	—
• ...	—
• ...	—
• ...	—
TOTAL de cultura	
Extras	
• Viagens	—
• Presentes	—
• Consertos	—
• Coisas do lar	—
• Eletrônicos	—
• ...	—
TOTAL de extras	
TOTAL semanal R$	

KAKEBO

FIM DE MÊS!

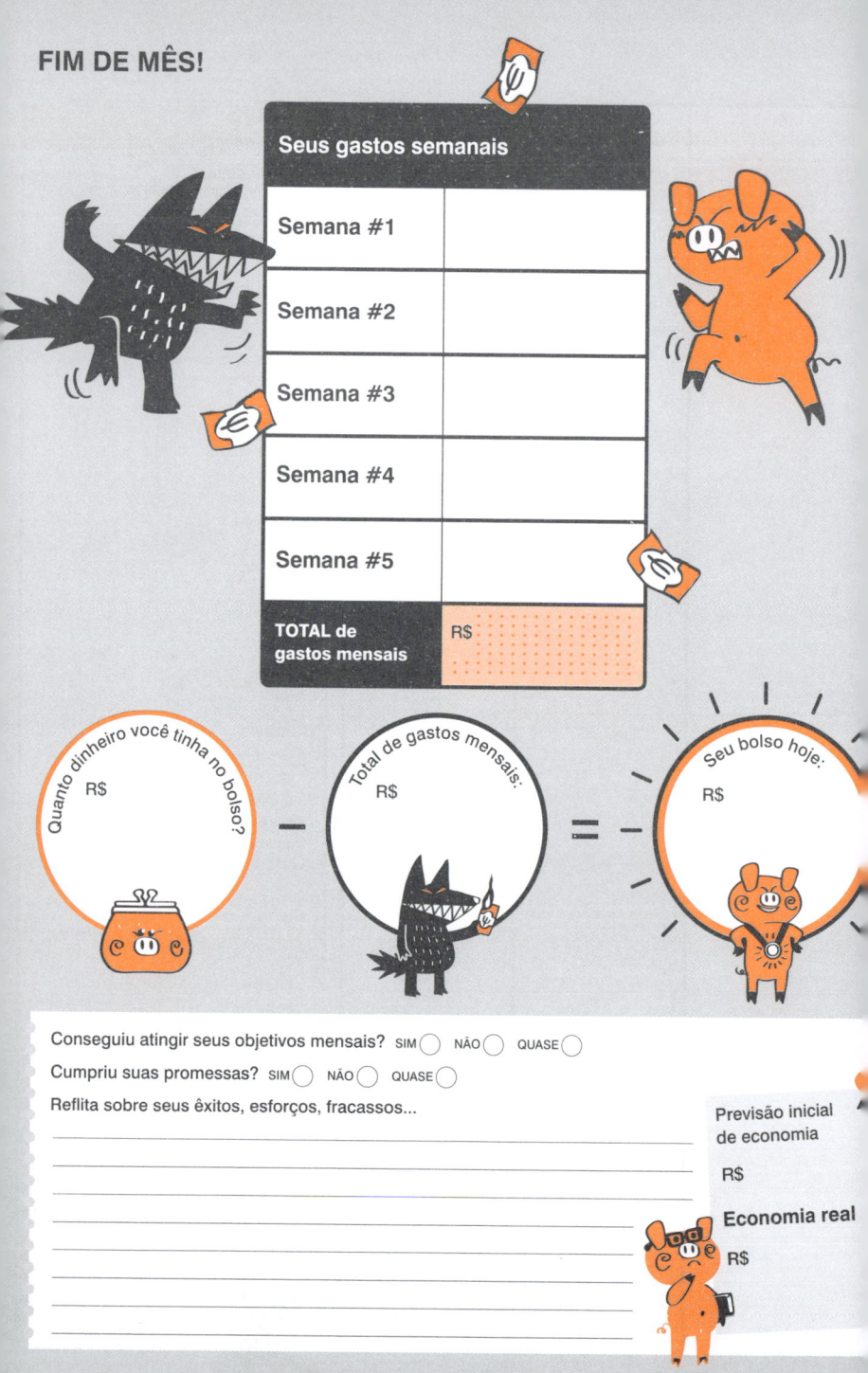

Seus gastos semanais

Semana #1	
Semana #2	
Semana #3	
Semana #4	
Semana #5	
TOTAL de gastos mensais	R$

Quanto dinheiro você tinha no bolso?
R$

—

Total de gastos mensais:
R$

=

Seu bolso hoje:
R$

Conseguiu atingir seus objetivos mensais? SIM ◯ NÃO ◯ QUASE ◯

Cumpriu suas promessas? SIM ◯ NÃO ◯ QUASE ◯

Reflita sobre seus êxitos, esforços, fracassos...

_____
_____
_____
_____
_____
_____
_____

Previsão inicial de economia

R$

Economia real

R$

Gastos com sobrevivência	
Semana #1	
Semana #2	
Semana #3	
Semana #4	
Semana #5	
TOTAL	

Gastos com lazer e vícios	
Semana #1	
Semana #2	
Semana #3	
Semana #4	
Semana #5	
TOTAL	

Gastos com cultura	
Semana #1	
Semana #2	
Semana #3	
Semana #4	
Semana #5	
TOTAL	

Gastos extras	
Semana #1	
Semana #2	
Semana #3	
Semana #4	
Semana #5	
TOTAL	

Gastos com ...	
Semana #1	
Semana #2	
Semana #3	
Semana #4	
Semana #5	
TOTAL	

Gastos com ...	
Semana #1	
Semana #2	
Semana #3	
Semana #4	
Semana #5	
TOTAL	

Gastos com ...	
Semana #1	
Semana #2	
Semana #3	
Semana #4	
Semana #5	
TOTAL	

Gastos com ...	
Semana #1	
Semana #2	
Semana #3	
Semana #4	
Semana #5	
TOTAL	

Gastos com ...	
Semana #1	
Semana #2	
Semana #3	
Semana #4	
Semana #5	
TOTAL	

ORGANIZE SEUS FATURAMENTOS E SUAS DESPESAS MENSA

Faturamentos

Data:	Título:	Valor:	Data:	Título:	Valor:
/			/		
Data: /	Título:	Valor:	Data: /	Título:	Valor:
Data: /	Título:	Valor:	**TOTAL**	**1** R$	

Despesas fixas

Aluguel / Financia-mento	Valor:	Taxa de autônomo	Valor:	...	Valor:	...	Valor:
Água	Valor:	Plano de saúde	Valor:	...	Valor:	...	Valor:
Luz	Valor:	Colégio	Valor:	...	Valor:	...	Valor:
Gás	Valor:	Créditos e dívidas	Valor:	...	Valor:	...	Valor:
Telefone fixo/ Internet	Valor:	...	Valor:	...	Valor:	...	Valor:
Celular	Valor:	...	Valor:	...	Valor:	...	Valor:
Transporte	Valor:	...	Valor:	...	Valor:	...	Valor:
Estaciona-mento	Valor:	...	Valor:	...	Valor:	...	Valor:
Academia	Valor:	...	Valor:	...	Valor:	...	Valor:
Educação	Valor:	...	Valor:	**TOTAL**	**2** R$	

Quanto você tem no bolso para passar o mês?

  **1** — **2** = R$

[
_ _
]

"A igualdade da riqueza deve consistir em nenhum cidadão ser tão soberbo que possa comprar outro e nenhum tão pobre que tenha a necessidade de se vender."
Jean Jacques Rousseau

Começa o mês!

Quais são seus objetivos mensais?

"Prometo..."

Sua previsão de economia

R$

DIÁRIO DE GASTOS

	Segunda [ ]	Terça [ ]	Quarta [ ]	Quinta [
SOBREVIVÊNCIA				
LAZER E VÍCIOS				
CULTURA				
EXTRAS				
TOTAL				

ta [ ]	Sábado [ ]	Domingo [ ]

TÍTULO	VALOR
Sobrevivência	
• Alimentação	
• Farmácia	
• Transporte	
• Filhos	
• Animais de estimação	
• ...	
• ...	
• ...	
TOTAL de sobrevivência	
Lazer e vícios	
• Bares	
• Restaurantes	
• Fast-food	
• Baladas	
• Cigarros	
• Cosméticos	
• Roupas	
• ...	
TOTAL de lazer e vícios	
Cultura	
• Livros	
• Música	
• Espetáculos	
• Filmes	
• Jornais e revistas	
• ...	
• ...	
• ...	
TOTAL de cultura	
Extras	
• Viagens	
• Presentes	
• Consertos	
• Coisas do lar	
• Eletrônicos	
• ...	
TOTAL de extras	
TOTAL semanal R$	

KAKEBO

	Segunda [ ]	Terça [ ]	Quarta [ ]	Quinta [
SOBREVIVÊNCIA				
LAZER E VÍCIOS				
CULTURA				
EXTRAS				
TOTAL				

...ta [ ]	Sábado [ ]	Domingo [ ]

TÍTULO	VALOR
Sobrevivência	
• Alimentação	—
• Farmácia	—
• Transporte	—
• Filhos	—
• Animais de estimação	—
• ...	—
• ...	—
• ...	—
TOTAL de sobrevivência	
Lazer e vícios	
• Bares	—
• Restaurantes	—
• Fast-food	—
• Baladas	—
• Cigarros	—
• Cosméticos	—
• Roupas	—
• ...	—
TOTAL de lazer e vícios	
Cultura	
• Livros	—
• Música	—
• Espetáculos	—
• Filmes	—
• Jornais e revistas	—
• ...	—
• ...	—
• ...	—
TOTAL de cultura	
Extras	
• Viagens	—
• Presentes	—
• Consertos	—
• Coisas do lar	—
• Eletrônicos	—
• ...	—
TOTAL de extras	
TOTAL semanal R$	

KAKEBO

	Segunda [ ]	Terça [ ]	Quarta [ ]	Quinta [
SOBREVIVÊNCIA				
LAZER E VÍCIOS				
CULTURA				
EXTRAS				
TOTAL				

a [ ]	Sábado [ ]	Domingo [ ]

TÍTULO	VALOR
Sobrevivência	
• Alimentação	
• Farmácia	
• Transporte	
• Filhos	
• Animais de estimação	
• ...	
• ...	
• ...	
TOTAL de sobrevivência	
Lazer e vícios	
• Bares	
• Restaurantes	
• Fast-food	
• Baladas	
• Cigarros	
• Cosméticos	
• Roupas	
• ...	
TOTAL de lazer e vícios	
Cultura	
• Livros	
• Música	
• Espetáculos	
• Filmes	
• Jornais e revistas	
• ...	
• ...	
• ...	
TOTAL de cultura	
Extras	
• Viagens	
• Presentes	
• Consertos	
• Coisas do lar	
• Eletrônicos	
• ...	
TOTAL de extras	
TOTAL semanal R$	

DIÁRIO DE GASTOS

	Segunda [ ]	Terça [ ]	Quarta [ ]	Quinta [
SOBREVIVÊNCIA				
LAZER E VÍCIOS				
CULTURA				
EXTRAS				
TOTAL				

a [ ]	Sábado [ ]	Domingo [ ]

TÍTULO	VALOR
Sobrevivência	
• Alimentação	
• Farmácia	
• Transporte	
• Filhos	
• Animais de estimação	
• ...	
• ...	
• ...	
TOTAL de sobrevivência	
Lazer e vícios	
• Bares	
• Restaurantes	
• Fast-food	
• Baladas	
• Cigarros	
• Cosméticos	
• Roupas	
• ...	
TOTAL de lazer e vícios	
Cultura	
• Livros	
• Música	
• Espetáculos	
• Filmes	
• Jornais e revistas	
• ...	
• ...	
• ...	
TOTAL de cultura	
Extras	
• Viagens	
• Presentes	
• Consertos	
• Coisas do lar	
• Eletrônicos	
• ...	
TOTAL de extras	
TOTAL semanal R$	

	Segunda [ ]	Terça [ ]	Quarta [ ]	Quinta [
SOBREVIVÊNCIA				
LAZER E VÍCIOS				
CULTURA				
EXTRAS				
TOTAL				

a [ ]	Sábado [ ]	Domingo [ ]

TÍTULO	VALOR
Sobrevivência	
• Alimentação	—
• Farmácia	—
• Transporte	—
• Filhos	—
• Animais de estimação	—
• ...	—
• ...	—
• ...	—
TOTAL de sobrevivência	
Lazer e vícios	
• Bares	—
• Restaurantes	—
• Fast-food	—
• Baladas	—
• Cigarros	—
• Cosméticos	—
• Roupas	—
• ...	—
TOTAL de lazer e vícios	
Cultura	
• Livros	—
• Música	—
• Espetáculos	—
• Filmes	—
• Jornais e revistas	—
• ...	—
• ...	—
• ...	—
TOTAL de cultura	
Extras	
• Viagens	—
• Presentes	—
• Consertos	—
• Coisas do lar	—
• Eletrônicos	—
• ...	—
TOTAL de extras	
TOTAL semanal R$	

KAKEBO

FIM DE MÊS!

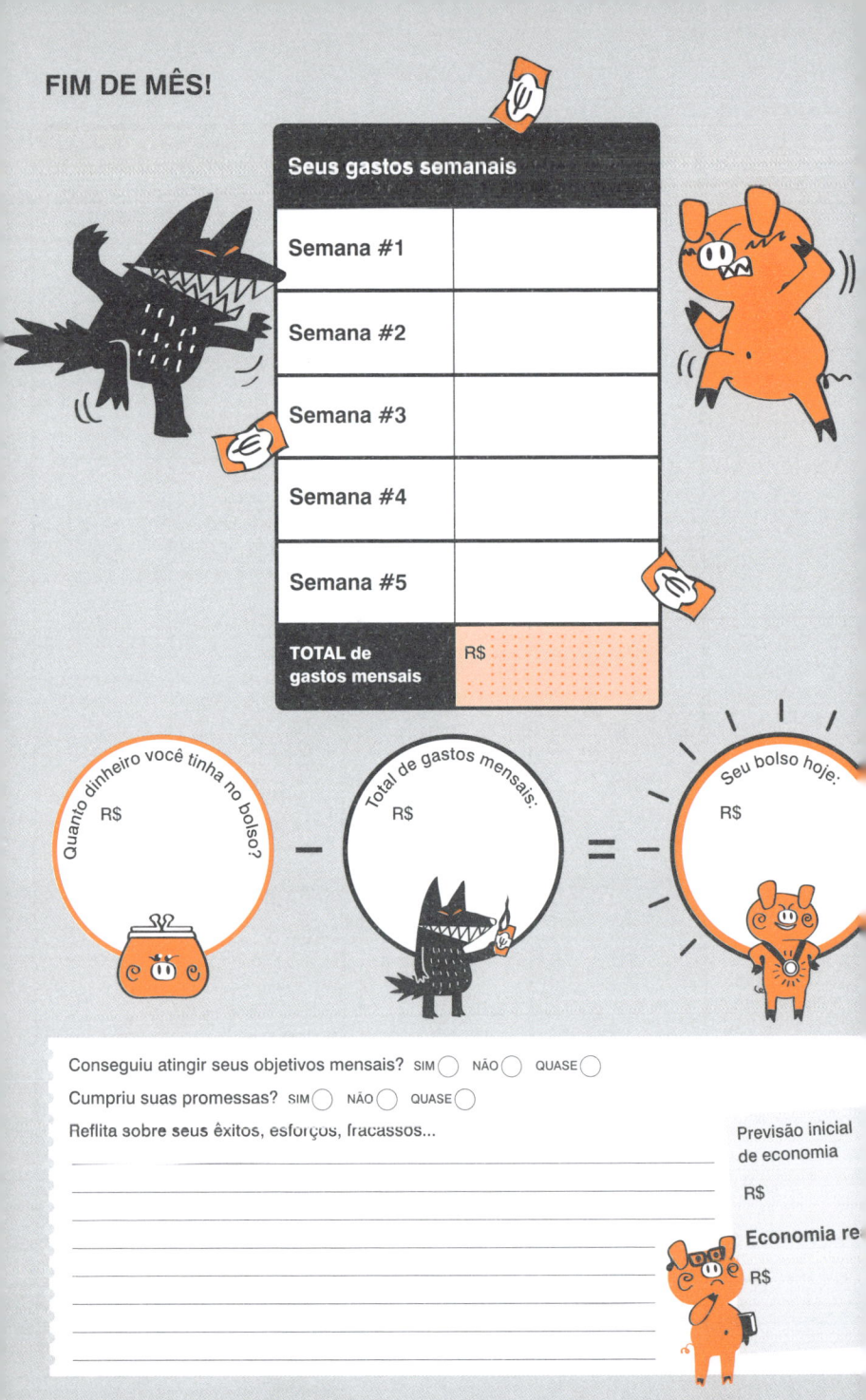

Seus gastos semanais	
Semana #1	
Semana #2	
Semana #3	
Semana #4	
Semana #5	
TOTAL de gastos mensais	R$

Quanto dinheiro você tinha no bolso?
R$

−

Total de gastos mensais:
R$

=

Seu bolso hoje:
R$

Conseguiu atingir seus objetivos mensais? SIM ◯ NÃO ◯ QUASE ◯

Cumpriu suas promessas? SIM ◯ NÃO ◯ QUASE ◯

Reflita sobre seus êxitos, esforços, fracassos...

Previsão inicial de economia
R$

Economia re
R$

stos com sobrevivência		Gastos com lazer e vícios		Gastos com cultura	
nana #1		Semana #1		Semana #1	
nana #2		Semana #2		Semana #2	
nana #3		Semana #3		Semana #3	
nana #4		Semana #4		Semana #4	
nana #5		Semana #5		Semana #5	
TAL		TOTAL		TOTAL	

stos extras		Gastos com ...		Gastos com ...	
nana #1		Semana #1		Semana #1	
nana #2		Semana #2		Semana #2	
nana #3		Semana #3		Semana #3	
nana #4		Semana #4		Semana #4	
nana #5		Semana #5		Semana #5	
TAL		TOTAL		TOTAL	

stos com ...		Gastos com ...		Gastos com ...	
nana #1		Semana #1		Semana #1	
nana #2		Semana #2		Semana #2	
nana #3		Semana #3		Semana #3	
nana #4		Semana #4		Semana #4	
nana #5		Semana #5		Semana #5	
TAL		TOTAL		TOTAL	

ORGANIZE SEUS FATURAMENTOS E SUAS DESPESAS MENSA[IS]

Faturamentos

Data:	Título:	Valor:	Data:	Título:	Valor:
/			/		
Data: /	Título:	Valor:	Data: /	Título:	Valor:
Data: /	Título:	Valor:	**TOTAL**		**1** R$

Despesas fixas

	Valor:		Valor:		Valor:		Valor:
Aluguel / Financiamento		Taxa de autônomo		...		...	
Água		Plano de saúde		...		...	
Luz		Colégio		...		...	
Gás		Créditos e dívidas		...		...	
Telefone fixo/ Internet		...		...		...	
Celular		...		...		...	
Transporte		...		...		...	
Estacionamento		...		...		...	
Academia		...		...		...	
Educação		...		**TOTAL**		**2** R$	

Quanto você tem no bolso para passar o mês?

 ① — ② = R$

[-]

"A riqueza do homem é medida de acordo com a quantidade de coisas sem as quais ele consegue viver."
Henry David Thoreau

Começa o mês!

Quais são seus objetivos mensais?

"...rometo..."

Sua previsão de economia

R$

DIÁRIO DE GASTOS

	Segunda [ ]	Terça [ ]	Quarta [ ]	Quinta [
SOBREVIVÊNCIA				
LAZER E VÍCIOS				
CULTURA				
EXTRAS				
TOTAL				

a [ ]	Sábado [ ]	Domingo [ ]

TÍTULO	VALOR
Sobrevivência	
• Alimentação	
• Farmácia	
• Transporte	
• Filhos	
• Animais de estimação	
• ...	
• ...	
• ...	
TOTAL de sobrevivência	
Lazer e vícios	
• Bares	
• Restaurantes	
• Fast-food	
• Baladas	
• Cigarros	
• Cosméticos	
• Roupas	
• ...	
TOTAL de lazer e vícios	
Cultura	
• Livros	
• Música	
• Espetáculos	
• Filmes	
• Jornais e revistas	
• ...	
• ...	
• ...	
TOTAL de cultura	
Extras	
• Viagens	
• Presentes	
• Consertos	
• Coisas do lar	
• Eletrônicos	
• ...	
TOTAL de extras	
TOTAL semanal R$	

KAKEBO

[_ _ _ _ _ _ _ _ _ _ _ _ _ _ _]

	Segunda [ ]	Terça [ ]	Quarta [ ]	Quinta [
SOBREVIVÊNCIA				
LAZER E VÍCIOS				
CULTURA				
EXTRAS				
TOTAL				

[ ]	Sábado [ ]	Domingo [ ]

TÍTULO	VALOR
Sobrevivência	
• Alimentação	—
• Farmácia	—
• Transporte	—
• Filhos	—
• Animais de estimação	—
• ...	—
• ...	—
• ...	—
TOTAL de sobrevivência	
Lazer e vícios	
• Bares	—
• Restaurantes	—
• Fast-food	—
• Baladas	—
• Cigarros	—
• Cosméticos	—
• Roupas	—
• ...	—
TOTAL de lazer e vícios	
Cultura	
• Livros	—
• Música	—
• Espetáculos	—
• Filmes	—
• Jornais e revistas	—
• ...	—
• ...	—
• ...	—
TOTAL de cultura	
Extras	
• Viagens	—
• Presentes	—
• Consertos	—
• Coisas do lar	—
• Eletrônicos	—
• ...	—
TOTAL de extras	
TOTAL semanal R$	

	Segunda [ ]	Terça [ ]	Quarta [ ]	Quinta [
SOBREVIVÊNCIA				
LAZER E VÍCIOS				
CULTURA				
EXTRAS				
TOTAL				

	Sábado [ ]	Domingo [ ]	TÍTULO	VALOR
			Sobrevivência	
			• Alimentação	
			• Farmácia	
			• Transporte	
			• Filhos	
			• Animais de estimação	
			• ...	
			• ...	
			• ...	
			TOTAL de sobrevivência	
			Lazer e vícios	
			• Bares	
			• Restaurantes	
			• Fast-food	
			• Baladas	
			• Cigarros	
			• Cosméticos	
			• Roupas	
			• ...	
			TOTAL de lazer e vícios	
			Cultura	
			• Livros	
			• Música	
			• Espetáculos	
			• Filmes	
			• Jornais e revistas	
			• ...	
			• ...	
			• ...	
			TOTAL de cultura	
			Extras	
			• Viagens	
			• Presentes	
			• Consertos	
			• Coisas do lar	
			• Eletrônicos	
			• ...	
			TOTAL de extras	
			TOTAL semanal R$	

KAKEBO

[_ _ _ _ _ _ _ _ _ _ _ _ _ _]

	Segunda [ ]	Terça [ ]	Quarta [ ]	Quinta [
SOBREVIVÊNCIA				
LAZER E VÍCIOS				
CULTURA				
EXTRAS				
TOTAL				

a [ ]	Sábado [ ]	Domingo [ ]

TÍTULO	VALOR
Sobrevivência	
• Alimentação	
• Farmácia	
• Transporte	
• Filhos	
• Animais de estimação	
• ...	
• ...	
• ...	
TOTAL de sobrevivência	
Lazer e vícios	
• Bares	
• Restaurantes	
• Fast-food	
• Baladas	
• Cigarros	
• Cosméticos	
• Roupas	
• ...	
TOTAL de lazer e vícios	
Cultura	
• Livros	
• Música	
• Espetáculos	
• Filmes	
• Jornais e revistas	
• ...	
• ...	
• ...	
TOTAL de cultura	
Extras	
• Viagens	
• Presentes	
• Consertos	
• Coisas do lar	
• Eletrônicos	
• ...	
TOTAL de extras	
TOTAL semanal R$	

KAKEBO

	Segunda [ ]	Terça [ ]	Quarta [ ]	Quinta [
SOBREVIVÊNCIA				
LAZER E VÍCIOS				
CULTURA				
EXTRAS				
TOTAL				

a [ ]	Sábado [ ]	Domingo [ ]	TÍTULO	VALOR
			Sobrevivência	
			• Alimentação	—
			• Farmácia	—
			• Transporte	—
			• Filhos	—
			• Animais de estimação	—
			• ...	—
			• ...	—
			• ...	—
			TOTAL de sobrevivência	
			Lazer e vícios	
			• Bares	—
			• Restaurantes	—
			• Fast-food	—
			• Baladas	—
			• Cigarros	—
			• Cosméticos	—
			• Roupas	—
			• ...	—
			TOTAL de lazer e vícios	
			Cultura	
			• Livros	—
			• Música	—
			• Espetáculos	—
			• Filmes	—
			• Jornais e revistas	—
			• ...	—
			• ...	—
			• ...	—
			TOTAL de cultura	
			Extras	
			• Viagens	—
			• Presentes	—
			• Consertos	—
			• Coisas do lar	—
			• Eletrônicos	—
			• ...	—
			TOTAL de extras	
			TOTAL semanal R$	

KAKEBO

FIM DE MÊS!

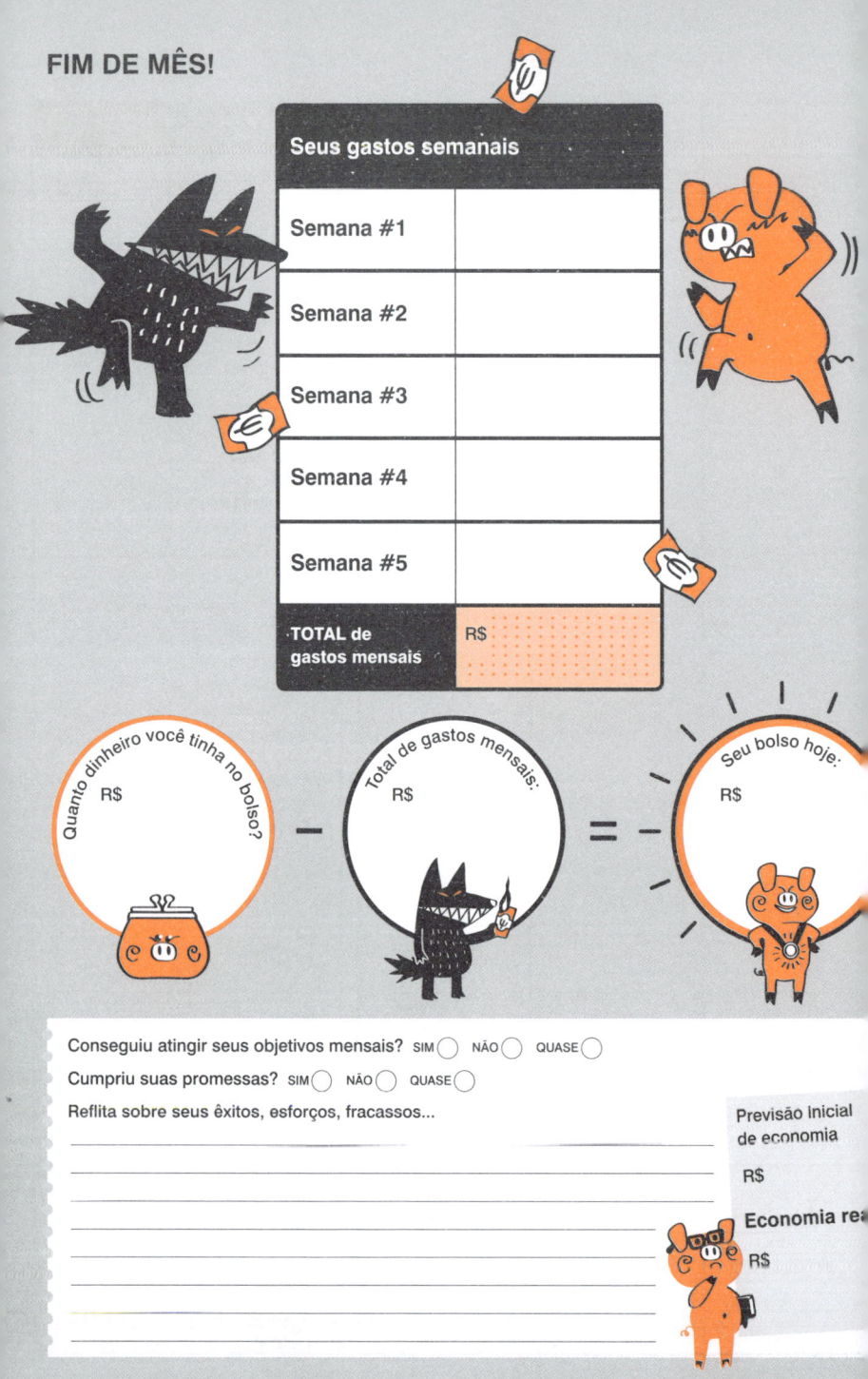

Seus gastos semanais	
Semana #1	
Semana #2	
Semana #3	
Semana #4	
Semana #5	
TOTAL de gastos mensais	R$

Quanto dinheiro você tinha no bolso? R$ — Total de gastos mensais: R$ = Seu bolso hoje: R$

Conseguiu atingir seus objetivos mensais? SIM ◯ NÃO ◯ QUASE ◯

Cumpriu suas promessas? SIM ◯ NÃO ◯ QUASE ◯

Reflita sobre seus êxitos, esforços, fracassos...

Previsão inicial de economia

R$

Economia rea

R$

Gastos com sobrevivência

Semana #1	
Semana #2	
Semana #3	
Semana #4	
Semana #5	
TOTAL	

Gastos com lazer e vícios

Semana #1	
Semana #2	
Semana #3	
Semana #4	
Semana #5	
TOTAL	

Gastos com cultura

Semana #1	
Semana #2	
Semana #3	
Semana #4	
Semana #5	
TOTAL	

Gastos extras

Semana #1	
Semana #2	
Semana #3	
Semana #4	
Semana #5	
TOTAL	

Gastos com ...

Semana #1	
Semana #2	
Semana #3	
Semana #4	
Semana #5	
TOTAL	

Gastos com ...

Semana #1	
Semana #2	
Semana #3	
Semana #4	
Semana #5	
TOTAL	

Gastos com ...

Semana #1	
Semana #2	
Semana #3	
Semana #4	
Semana #5	
TOTAL	

Gastos com ...

Semana #1	
Semana #2	
Semana #3	
Semana #4	
Semana #5	
TOTAL	

Gastos com ...

Semana #1	
Semana #2	
Semana #3	
Semana #4	
Semana #5	
TOTAL	

ORGANIZE SEUS FATURAMENTOS E SUAS DESPESAS MENSA

Faturamentos

Data:	Título:	Valor:	Data:	Título:	Valor:
/			/		
Data: /	Título:	Valor:	Data: /	Título:	Valor:
Data: /	Título:	Valor:	**TOTAL**		**1** R$

Despesas fixas

	Valor:		Valor:	...	Valor:	...	Valor:
Aluguel / Financiamento		Taxa de autônomo		...		...	
Água	Valor:	Plano de saúde	Valor:	...	Valor:	...	Valor:
Luz	Valor:	Colégio	Valor:	...	Valor:	...	Valor:
Gás	Valor:	Créditos e dívidas	Valor:	...	Valor:	...	Valor:
Telefone fixo/ Internet	Valor:	...	Valor:	...	Valor:	...	Valor:
Celular	Valor:	...	Valor:	...	Valor:	...	Valor:
Transporte	Valor:	...	Valor:	...	Valor:	...	Valor:
Estacionamento	Valor:	...	Valor:	...	Valor:	...	Valor:
Academia	Valor:	...	Valor:	...	Valor:	...	Valor:
Educação	Valor:	...	Valor:	**TOTAL**		**2** R$	

Quanto você tem no bolso para passar o mês?

 **1** — **2** = R$

[
- -
]

"O dinheiro sempre está por aí,
só mudam os bolsos."
Gertrude Stein

Começa o mês!

uais são seus objetivos mensais?

"Prometo..."

Sua previsão de
economia

R$

	Segunda [ ]	Terça [ ]	Quarta [ ]	Quinta [
SOBREVIVÊNCIA				
LAZER E VÍCIOS				
CULTURA				
EXTRAS				
TOTAL				

	Sábado [ ]	Domingo [ ]

TÍTULO	VALOR
Sobrevivência	
• Alimentação	
• Farmácia	
• Transporte	
• Filhos	
• Animais de estimação	
• ...	
• ...	
• ...	
TOTAL de sobrevivência	
Lazer e vícios	
• Bares	
• Restaurantes	
• Fast-food	
• Baladas	
• Cigarros	
• Cosméticos	
• Roupas	
• ...	
TOTAL de lazer e vícios	
Cultura	
• Livros	
• Música	
• Espetáculos	
• Filmes	
• Jornais e revistas	
• ...	
• ...	
• ...	
TOTAL de cultura	
Extras	
• Viagens	
• Presentes	
• Consertos	
• Coisas do lar	
• Eletrônicos	
• ...	
TOTAL de extras	
TOTAL semanal R$	

KAKEBO

	Segunda [ ]	Terça [ ]	Quarta [ ]	Quinta [
SOBREVIVÊNCIA				
LAZER E VÍCIOS				
CULTURA				
EXTRAS				
TOTAL				

...ta [ ]	Sábado [ ]	Domingo [ ]

TÍTULO	VALOR
Sobrevivência	
• Alimentação	
• Farmácia	
• Transporte	
• Filhos	
• Animais de estimação	
• ...	
• ...	
• ...	
TOTAL de sobrevivência	
Lazer e vícios	
• Bares	
• Restaurantes	
• Fast-food	
• Baladas	
• Cigarros	
• Cosméticos	
• Roupas	
• ...	
TOTAL de lazer e vícios	
Cultura	
• Livros	
• Música	
• Espetáculos	
• Filmes	
• Jornais e revistas	
• ...	
• ...	
• ...	
TOTAL de cultura	
Extras	
• Viagens	
• Presentes	
• Consertos	
• Coisas do lar	
• Eletrônicos	
• ...	
TOTAL de extras	
TOTAL semanal R$	

	Segunda [ ]	Terça [ ]	Quarta [ ]	Quinta [
SOBREVIVÊNCIA				
LAZER E VÍCIOS				
CULTURA				
EXTRAS				
TOTAL				

ta [ ]	Sábado [ ]	Domingo [ ]

TÍTULO	VALOR
Sobrevivência	
• Alimentação	
• Farmácia	
• Transporte	
• Filhos	
• Animais de estimação	
• ...	
• ...	
• ...	
TOTAL de sobrevivência	
Lazer e vícios	
• Bares	
• Restaurantes	
• Fast-food	
• Baladas	
• Cigarros	
• Cosméticos	
• Roupas	
• ...	
TOTAL de lazer e vícios	
Cultura	
• Livros	
• Música	
• Espetáculos	
• Filmes	
• Jornais e revistas	
• ...	
• ...	
• ...	
TOTAL de cultura	
Extras	
• Viagens	
• Presentes	
• Consertos	
• Coisas do lar	
• Eletrônicos	
• ...	
TOTAL de extras	
TOTAL semanal R$	

KAKEBO

	Segunda [ ]	Terça [ ]	Quarta [ ]	Quinta [
SOBREVIVÊNCIA				
LAZER E VÍCIOS				
CULTURA				
EXTRAS				
TOTAL				

...ta [ ]	Sábado [ ]	Domingo [ ]

TÍTULO	VALOR
Sobrevivência	
• Alimentação	
• Farmácia	
• Transporte	
• Filhos	
• Animais de estimação	
• ...	
• ...	
• ...	
TOTAL de sobrevivência	
Lazer e vícios	
• Bares	
• Restaurantes	
• Fast-food	
• Baladas	
• Cigarros	
• Cosméticos	
• Roupas	
• ...	
TOTAL de lazer e vícios	
Cultura	
• Livros	
• Música	
• Espetáculos	
• Filmes	
• Jornais e revistas	
• ...	
• ...	
• ...	
TOTAL de cultura	
Extras	
• Viagens	
• Presentes	
• Consertos	
• Coisas do lar	
• Eletrônicos	
• ...	
TOTAL de extras	
TOTAL semanal R$	

KAKEBO

	Segunda [ ]	Terça [ ]	Quarta [ ]	Quinta [
SOBREVIVÊNCIA				
LAZER E VÍCIOS				
CULTURA				
EXTRAS				
TOTAL				

ta [ ]	Sábado [ ]	Domingo [ ]

TÍTULO	VALOR
Sobrevivência	
• Alimentação	
• Farmácia	
• Transporte	
• Filhos	
• Animais de estimação	
• ...	
• ...	
• ...	
TOTAL de sobrevivência	
Lazer e vícios	
• Bares	
• Restaurantes	
• Fast-food	
• Baladas	
• Cigarros	
• Cosméticos	
• Roupas	
• ...	
TOTAL de lazer e vícios	
Cultura	
• Livros	
• Música	
• Espetáculos	
• Filmes	
• Jornais e revistas	
• ...	
• ...	
• ...	
TOTAL de cultura	
Extras	
• Viagens	
• Presentes	
• Consertos	
• Coisas do lar	
• Eletrônicos	
• ...	
TOTAL de extras	
TOTAL semanal R$	

KAKEBO

FIM DE MÊS!

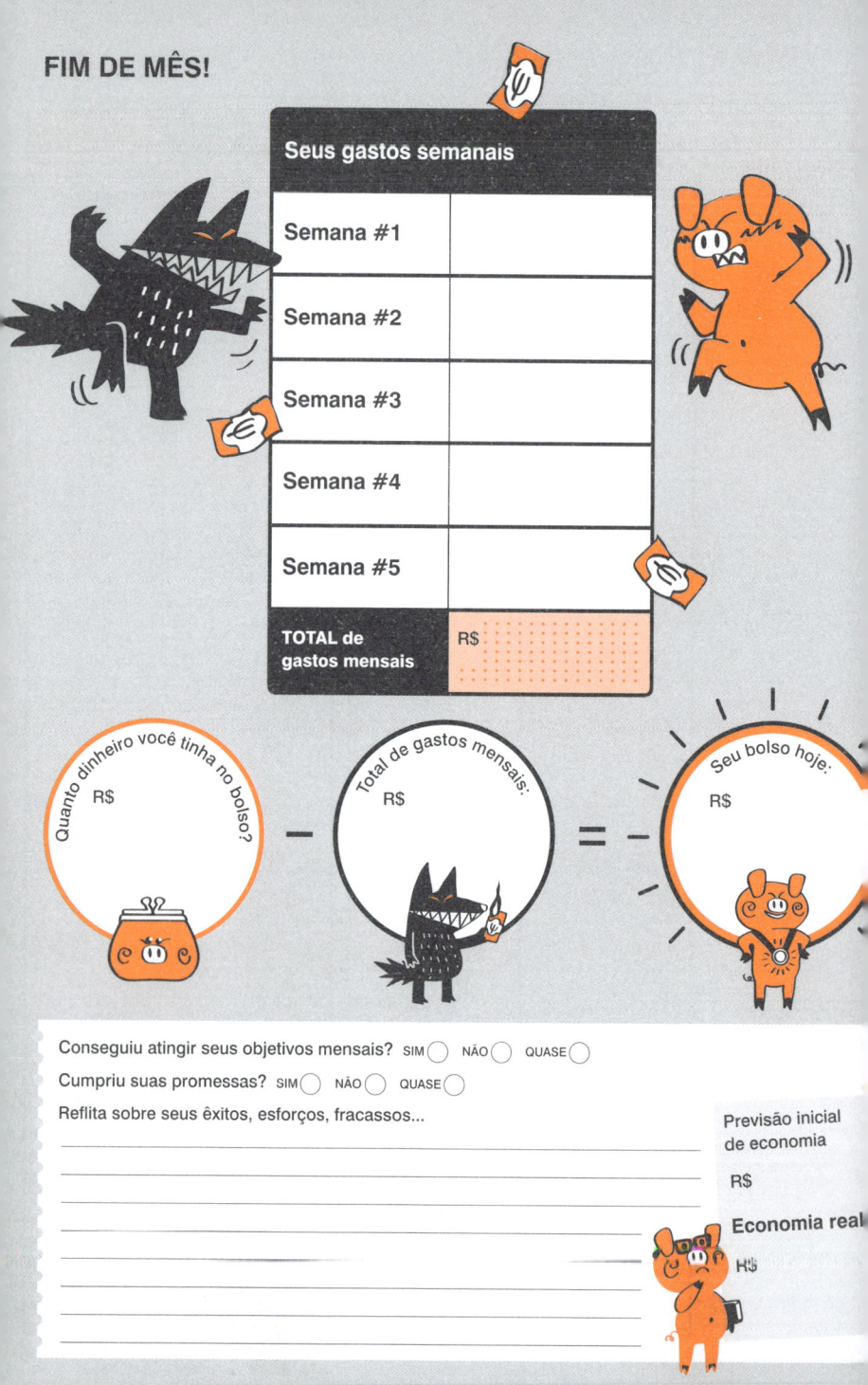

Seus gastos semanais	
Semana #1	
Semana #2	
Semana #3	
Semana #4	
Semana #5	
TOTAL de gastos mensais	R$

Quanto dinheiro você tinha no bolso?
R$

−

Total de gastos mensais:
R$

=

Seu bolso hoje:
R$

Conseguiu atingir seus objetivos mensais? SIM ◯ NÃO ◯ QUASE ◯

Cumpriu suas promessas? SIM ◯ NÃO ◯ QUASE ◯

Reflita sobre seus êxitos, esforços, fracassos...

Previsão inicial de economia

R$

Economia real

R$

Gastos com sobrevivência	
Semana #1	
Semana #2	
Semana #3	
Semana #4	
Semana #5	
TOTAL	

Gastos com lazer e vícios	
Semana #1	
Semana #2	
Semana #3	
Semana #4	
Semana #5	
TOTAL	

Gastos com cultura	
Semana #1	
Semana #2	
Semana #3	
Semana #4	
Semana #5	
TOTAL	

Gastos extras	
Semana #1	
Semana #2	
Semana #3	
Semana #4	
Semana #5	
TOTAL	

Gastos com ...	
Semana #1	
Semana #2	
Semana #3	
Semana #4	
Semana #5	
TOTAL	

Gastos com ...	
Semana #1	
Semana #2	
Semana #3	
Semana #4	
Semana #5	
TOTAL	

Gastos com ...	
Semana #1	
Semana #2	
Semana #3	
Semana #4	
Semana #5	
TOTAL	

Gastos com ...	
Semana #1	
Semana #2	
Semana #3	
Semana #4	
Semana #5	
TOTAL	

Gastos com ...	
Semana #1	
Semana #2	
Semana #3	
Semana #4	
Semana #5	
TOTAL	

ORGANIZE SEUS FATURAMENTOS E SUAS DESPESAS MENSA

Faturamentos

Data:	Título:	Valor:	Data:	Título:	Valor:
/			/		
Data:	Título:	Valor:	Data:	Título:	Valor:
/			/		
Data:	Título:	Valor:	**TOTAL**		**1** R$
/					

Despesas fixas

Aluguel / Financiamento	Valor:	Taxa de autônomo	Valor:	...	Valor:	...	Valor:
Água	Valor:	Plano de saúde	Valor:	...	Valor:	...	Valor:
Luz	Valor:	Colégio	Valor:	...	Valor:	...	Valor:
Gás	Valor:	Créditos e dívidas	Valor:	...	Valor:	...	Valor:
Telefone fixo/ Internet	Valor:	...	Valor:	...	Valor:	...	Valor:
Celular	Valor:	...	Valor:	...	Valor:	...	Valor:
Transporte	Valor:	...	Valor:	...	Valor:	...	Valor:
Estacionamento	Valor:	...	Valor:	...	Valor:	...	Valor:
Academia	Valor:	...	Valor:	...	Valor:	...	Valor:
Educação	Valor:	...	Valor:	**TOTAL**		**2** R$	

Quanto você tem no bolso para passar o mês?

 **1** — **2** = R$

[
- -
]

"Os cães não têm dinheiro. É incrível como passam a vida inteira pobres e ainda conseguem sobreviver. E sabe por que os cachorros não têm dinheiro? Porque não têm bolsos."
Jerry Seinfield

Começa o mês!

Quais são seus objetivos mensais?

Prometo..."

Sua previsão de economia

R$

KAKEBO

	Segunda [ ]	Terça [ ]	Quarta [ ]	Quinta [
SOBREVIVÊNCIA				
LAZER E VÍCIOS				
CULTURA				
EXTRAS				
TOTAL				

...ta [ ]	Sábado [ ]	Domingo [ ]

TÍTULO	VALOR
Sobrevivência	
• Alimentação	
• Farmácia	
• Transporte	
• Filhos	
• Animais de estimação	
• ...	
• ...	
• ...	
TOTAL de sobrevivência	
Lazer e vícios	
• Bares	
• Restaurantes	
• Fast-food	
• Baladas	
• Cigarros	
• Cosméticos	
• Roupas	
• ...	
TOTAL de lazer e vícios	
Cultura	
• Livros	
• Música	
• Espetáculos	
• Filmes	
• Jornais e revistas	
• ...	
• ...	
• ...	
TOTAL de cultura	
Extras	
• Viagens	
• Presentes	
• Consertos	
• Coisas do lar	
• Eletrônicos	
• ...	
TOTAL de extras	
TOTAL semanal R$	

KAKEBO

[_____]

	Segunda [ ]	Terça [ ]	Quarta [ ]	Quinta [
SOBREVIVÊNCIA				
LAZER E VÍCIOS				
CULTURA				
EXTRAS				
TOTAL				

ta	[ ]	Sábado	[ ]	Domingo	[ ]

TÍTULO	VALOR
Sobrevivência	
• Alimentação	
• Farmácia	
• Transporte	
• Filhos	
• Animais de estimação	
• ...	
• ...	
• ...	
TOTAL de sobrevivência	
Lazer e vícios	
• Bares	
• Restaurantes	
• Fast-food	
• Baladas	
• Cigarros	
• Cosméticos	
• Roupas	
• ...	
TOTAL de lazer e vícios	
Cultura	
• Livros	
• Música	
• Espetáculos	
• Filmes	
• Jornais e revistas	
• ...	
• ...	
• ...	
TOTAL de cultura	
Extras	
• Viagens	
• Presentes	
• Consertos	
• Coisas do lar	
• Eletrônicos	
• ...	
TOTAL de extras	
TOTAL semanal R$	

KAKEBO

DIÁRIO DE GASTOS

	Segunda [ ]	Terça [ ]	Quarta [ ]	Quinta [
SOBREVIVÊNCIA				
LAZER E VÍCIOS				
CULTURA				
EXTRAS				
TOTAL				

a [ ]	Sábado [ ]	Domingo [ ]	TÍTULO	VALOR
			Sobrevivência	
			• Alimentação	
			• Farmácia	
			• Transporte	
			• Filhos	
			• Animais de estimação	
			• ...	
			• ...	
			• ...	
			TOTAL de sobrevivência	
			Lazer e vícios	
			• Bares	
			• Restaurantes	
			• Fast-food	
			• Baladas	
			• Cigarros	
			• Cosméticos	
			• Roupas	
			• ...	
			TOTAL de lazer e vícios	
			Cultura	
			• Livros	
			• Música	
			• Espetáculos	
			• Filmes	
			• Jornais e revistas	
			• ...	
			• ...	
			• ...	
			TOTAL de cultura	
			Extras	
			• Viagens	
			• Presentes	
			• Consertos	
			• Coisas do lar	
			• Eletrônicos	
			• ...	
			TOTAL de extras	
			TOTAL semanal R$	

	Segunda [ ]	Terça [ ]	Quarta [ ]	Quinta [
SOBREVIVÊNCIA				
LAZER E VÍCIOS				
CULTURA				
EXTRAS				
TOTAL				

a [ ]	Sábado [ ]	Domingo [ ]

TÍTULO	VALOR
Sobrevivência	
• Alimentação	
• Farmácia	
• Transporte	
• Filhos	
• Animais de estimação	
• ...	
• ...	
• ...	
TOTAL de sobrevivência	
Lazer e vícios	
• Bares	
• Restaurantes	
• Fast-food	
• Baladas	
• Cigarros	
• Cosméticos	
• Roupas	
• ...	
TOTAL de lazer e vícios	
Cultura	
• Livros	
• Música	
• Espetáculos	
• Filmes	
• Jornais e revistas	
• ...	
• ...	
• ...	
TOTAL de cultura	
Extras	
• Viagens	
• Presentes	
• Consertos	
• Coisas do lar	
• Eletrônicos	
• ...	
TOTAL de extras	
TOTAL semanal R$	

KAKEBO

	Segunda [ ]	Terça [ ]	Quarta [ ]	Quinta [
SOBREVIVÊNCIA				
LAZER E VÍCIOS				
CULTURA				
EXTRAS				
TOTAL				

a [ ]	Sábado [ ]	Domingo [ ]

TÍTULO	VALOR
Sobrevivência	
• Alimentação	
• Farmácia	
• Transporte	
• Filhos	
• Animais de estimação	
• ...	
• ...	
• ...	
TOTAL de sobrevivência	
Lazer e vícios	
• Bares	
• Restaurantes	
• Fast-food	
• Baladas	
• Cigarros	
• Cosméticos	
• Roupas	
• ...	
TOTAL de lazer e vícios	
Cultura	
• Livros	
• Música	
• Espetáculos	
• Filmes	
• Jornais e revistas	
• ...	
• ...	
• ...	
TOTAL de cultura	
Extras	
• Viagens	
• Presentes	
• Consertos	
• Coisas do lar	
• Eletrônicos	
• ...	
TOTAL de extras	
TOTAL semanal R$	

KAKEBO

FIM DE MÊS!

Seus gastos semanais	
Semana #1	
Semana #2	
Semana #3	
Semana #4	
Semana #5	
TOTAL de gastos mensais	R$

Quanto dinheiro você tinha no bolso?
R$

—

Total de gastos mensais:
R$

=

Seu bolso hoje:
R$

Conseguiu atingir seus objetivos mensais? SIM ◯ NÃO ◯ QUASE ◯

Cumpriu suas promessas? SIM ◯ NÃO ◯ QUASE ◯

Reflita sobre seus êxitos, esforços, fracassos...

_____
_____
_____
_____
_____
_____
_____

Previsão inicial
de economia

R$

Economia rea

R$

stos com sobrevivência	
mana #1	
mana #2	
mana #3	
mana #4	
mana #5	
TAL	

Gastos com lazer e vícios	
Semana #1	
Semana #2	
Semana #3	
Semana #4	
Semana #5	
TOTAL	

Gastos com cultura	
Semana #1	
Semana #2	
Semana #3	
Semana #4	
Semana #5	
TOTAL	

stos extras	
mana #1	
mana #2	
mana #3	
mana #4	
mana #5	
OTAL	

Gastos com ...	
Semana #1	
Semana #2	
Semana #3	
Semana #4	
Semana #5	
TOTAL	

Gastos com ...	
Semana #1	
Semana #2	
Semana #3	
Semana #4	
Semana #5	
TOTAL	

astos com ...	
mana #1	
mana #2	
mana #3	
mana #4	
mana #5	
OTAL	

Gastos com ...	
Semana #1	
Semana #2	
Semana #3	
Semana #4	
Semana #5	
TOTAL	

Gastos com ...	
Semana #1	
Semana #2	
Semana #3	
Semana #4	
Semana #5	
TOTAL	

ORGANIZE SEUS FATURAMENTOS E SUAS DESPESAS MENSA

Faturamentos

Data:	Título:	Valor:	Data:	Título:	Valor:
/			/		
Data: /	Título:	Valor:	Data: /	Título:	Valor:
Data: /	Título:	Valor:	**TOTAL**		**1** R$

Despesas fixas

	Valor:		Valor:		Valor:		Valor:
Aluguel / Financiamento		Taxa de autônomo		...		...	
Água		Plano de saúde		...		...	
Luz		Colégio		...		...	
Gás		Créditos e dívidas		...		...	
Telefone fixo/ Internet		...		...		...	
Celular		...		...		...	
Transporte		...		...		...	
Estacionamento		...		...		...	
Academia		...		...		...	
Educação		...		**TOTAL**		**2** R$	

Quanto você tem no bolso para passar o mês?

1 — **2** = R$

[
....
]

"A forma mais rápida de dobrar seu dinheiro é
dobrar as notas e colocá-las de volta no bolso."
Will Rogers

Começa o mês!

uais são seus objetivos mensais?

'rometo..."

Sua previsão de
economia

R$

[_____]

	Segunda [ ]	Terça [ ]	Quarta [ ]	Quinta [
SOBREVIVÊNCIA				
LAZER E VÍCIOS				
CULTURA				
EXTRAS				
TOTAL				

a [ ]	Sábado [ ]	Domingo [ ]	TÍTULO	VALOR
			Sobrevivência	
			• Alimentação	
			• Farmácia	
			• Transporte	
			• Filhos	
			• Animais de estimação	
			• ...	
			• ...	
			• ...	
			TOTAL de sobrevivência	
			Lazer e vícios	
			• Bares	
			• Restaurantes	
			• Fast-food	
			• Baladas	
			• Cigarros	
			• Cosméticos	
			• Roupas	
			• ...	
			TOTAL de lazer e vícios	
			Cultura	
			• Livros	
			• Música	
			• Espetáculos	
			• Filmes	
			• Jornais e revistas	
			• ...	
			• ...	
			• ...	
			TOTAL de cultura	
			Extras	
			• Viagens	
			• Presentes	
			• Consertos	
			• Coisas do lar	
			• Eletrônicos	
			• ...	
			TOTAL de extras	
			TOTAL semanal R$	

KAKEBO

[— — — — — — — — — — — — — —] DIÁRIO DE GASTOS

	Segunda [ ]	Terça [ ]	Quarta [ ]	Quinta [
SOBREVIVÊNCIA				
LAZER E VÍCIOS				
CULTURA				
EXTRAS				
TOTAL				

a [ ]	Sábado [ ]	Domingo [ ]

TÍTULO	VALOR
Sobrevivência	
• Alimentação	
• Farmácia	
• Transporte	
• Filhos	
• Animais de estimação	
• ...	
• ...	
• ...	
TOTAL de sobrevivência	
Lazer e vícios	
• Bares	
• Restaurantes	
• Fast-food	
• Baladas	
• Cigarros	
• Cosméticos	
• Roupas	
• ...	
TOTAL de lazer e vícios	
Cultura	
• Livros	
• Música	
• Espetáculos	
• Filmes	
• Jornais e revistas	
• ...	
• ...	
• ...	
TOTAL de cultura	
Extras	
• Viagens	
• Presentes	
• Consertos	
• Coisas do lar	
• Eletrônicos	
• ...	
TOTAL de extras	
TOTAL semanal R$	

KAKEBO

DIÁRIO DE GASTOS

	Segunda [ ]	Terça [ ]	Quarta [ ]	Quinta [
SOBREVIVÊNCIA				
LAZER E VÍCIOS				
CULTURA				
EXTRAS				
TOTAL				

...ta [ ]	Sábado [ ]	Domingo [ ]

TÍTULO	VALOR
Sobrevivência	
• Alimentação	
• Farmácia	
• Transporte	
• Filhos	
• Animais de estimação	
• ...	
• ...	
• ...	
TOTAL de sobrevivência	
Lazer e vícios	
• Bares	
• Restaurantes	
• Fast-food	
• Baladas	
• Cigarros	
• Cosméticos	
• Roupas	
• ...	
TOTAL de lazer e vícios	
Cultura	
• Livros	
• Música	
• Espetáculos	
• Filmes	
• Jornais e revistas	
• ...	
• ...	
• ...	
TOTAL de cultura	
Extras	
• Viagens	
• Presentes	
• Consertos	
• Coisas do lar	
• Eletrônicos	
• ...	
TOTAL de extras	
TOTAL semanal R$	

KAKEBO

DIÁRIO DE GASTOS

	Segunda [ ]	Terça [ ]	Quarta [ ]	Quinta [
SOBREVIVÊNCIA				
LAZER E VÍCIOS				
CULTURA				
EXTRAS				
TOTAL				

xta	[ ]	Sábado [ ]	Domingo [ ]

TÍTULO	VALOR
Sobrevivência	
• Alimentação	
• Farmácia	
• Transporte	
• Filhos	
• Animais de estimação	
• ...	
• ...	
• ...	
TOTAL de sobrevivência	
Lazer e vícios	
• Bares	
• Restaurantes	
• Fast-food	
• Baladas	
• Cigarros	
• Cosméticos	
• Roupas	
• ...	
TOTAL de lazer e vícios	
Cultura	
• Livros	
• Música	
• Espetáculos	
• Filmes	
• Jornais e revistas	
• ...	
• ...	
• ...	
TOTAL de cultura	
Extras	
• Viagens	
• Presentes	
• Consertos	
• Coisas do lar	
• Eletrônicos	
• ...	
TOTAL de extras	
TOTAL semanal R$	

KAKEBO

DIÁRIO DE GASTOS

	Segunda [ ]	Terça [ ]	Quarta [ ]	Quinta [ ]
SOBREVIVÊNCIA				
LAZER E VÍCIOS				
CULTURA				
EXTRAS				
TOTAL				

ta [ ]	Sábado [ ]	Domingo [ ]

TÍTULO	VALOR
Sobrevivência	
• Alimentação	
• Farmácia	
• Transporte	
• Filhos	
• Animais de estimação	
• ...	
• ...	
• ...	
TOTAL de sobrevivência	
Lazer e vícios	
• Bares	
• Restaurantes	
• Fast-food	
• Baladas	
• Cigarros	
• Cosméticos	
• Roupas	
• ...	
TOTAL de lazer e vícios	
Cultura	
• Livros	
• Música	
• Espetáculos	
• Filmes	
• Jornais e revistas	
• ...	
• ...	
• ...	
TOTAL de cultura	
Extras	
• Viagens	
• Presentes	
• Consertos	
• Coisas do lar	
• Eletrônicos	
• ...	
TOTAL de extras	
TOTAL semanal R$	

KAKEBO

FIM DE MÊS!

Seus gastos semanais	
Semana #1	
Semana #2	
Semana #3	
Semana #4	
Semana #5	
TOTAL de gastos mensais	R$

Quanto dinheiro você tinha no bolso?
R$

−

Total de gastos mensais:
R$

=

Seu bolso hoje:
R$

Conseguiu atingir seus objetivos mensais? SIM ◯ NÃO ◯ QUASE ◯

Cumpriu suas promessas? SIM ◯ NÃO ◯ QUASE ◯

Reflita sobre seus êxitos, esforços, fracassos...

Previsão inicial de economia

R$

Economia rea

R$

Gastos com sobrevivência	
Semana #1	
Semana #2	
Semana #3	
Semana #4	
Semana #5	
TOTAL	

Gastos com lazer e vícios	
Semana #1	
Semana #2	
Semana #3	
Semana #4	
Semana #5	
TOTAL	

Gastos com cultura	
Semana #1	
Semana #2	
Semana #3	
Semana #4	
Semana #5	
TOTAL	

Gastos extras	
Semana #1	
Semana #2	
Semana #3	
Semana #4	
Semana #5	
TOTAL	

Gastos com ...	
Semana #1	
Semana #2	
Semana #3	
Semana #4	
Semana #5	
TOTAL	

Gastos com ...	
Semana #1	
Semana #2	
Semana #3	
Semana #4	
Semana #5	
TOTAL	

Gastos com ...	
Semana #1	
Semana #2	
Semana #3	
Semana #4	
Semana #5	
TOTAL	

Gastos com ...	
Semana #1	
Semana #2	
Semana #3	
Semana #4	
Semana #5	
TOTAL	

Gastos com ...	
Semana #1	
Semana #2	
Semana #3	
Semana #4	
Semana #5	
TOTAL	

ORGANIZE SEUS FATURAMENTOS E SUAS DESPESAS MENSAI

Faturamentos

Data:	Título:	Valor:	Data:	Título:	Valor:
/			/		
Data:	Título:	Valor:	Data:	Título:	Valor:
/			/		
Data:	Título:	Valor:	**TOTAL**	**1** R$	
/					

Despesas fixas

	Valor:		Valor:	...	Valor:	...	Valor:
Aluguel / Financia- mento		Taxa de autônomo					
Água	Valor:	Plano de saúde	Valor:	...	Valor:	...	Valor:
Luz	Valor:	Colégio	Valor:	...	Valor:	...	Valor:
Gás	Valor:	Créditos e dívidas	Valor:	...	Valor:	...	Valor:
Telefone fixo/ Internet	Valor:	...	Valor:	...	Valor:	...	Valor:
Celular	Valor:	...	Valor:	...	Valor:	...	Valor:
Transporte	Valor:	...	Valor:	...	Valor:	...	Valor:
Estaciona- mento	Valor:	...	Valor:	...	Valor:	...	Valor:
Academia	Valor:	...	Valor:	...	Valor:	...	Valor:
Educação	Valor:	...	Valor:	**TOTAL**	**?** R$		

Quanto você tem no bolso para passar o mês?

  = R$

[
- -
]

"O dinheiro é como o esterco:
não é bom, a menos que se espalhe."
Francis Bacon

Começa o mês!

Quais são seus objetivos mensais?

"Prometo..."

Sua previsão de
economia

R$

DIÁRIO DE GASTOS

	Segunda [ ]	Terça [ ]	Quarta [ ]	Quinta [
SOBREVIVÊNCIA				
LAZER E VÍCIOS				
CULTURA				
EXTRAS				
TOTAL				

ta [ ]	Sábado [ ]	Domingo [ ]

TÍTULO	VALOR
Sobrevivência	
• Alimentação	
• Farmácia	
• Transporte	
• Filhos	
• Animais de estimação	
• ...	
• ...	
• ...	
TOTAL de sobrevivência	
Lazer e vícios	
• Bares	
• Restaurantes	
• Fast-food	
• Baladas	
• Cigarros	
• Cosméticos	
• Roupas	
• ...	
TOTAL de lazer e vícios	
Cultura	
• Livros	
• Música	
• Espetáculos	
• Filmes	
• Jornais e revistas	
• ...	
• ...	
• ...	
TOTAL de cultura	
Extras	
• Viagens	
• Presentes	
• Consertos	
• Coisas do lar	
• Eletrônicos	
• ...	
TOTAL de extras	
TOTAL semanal R$	

KAKEBO

	Segunda [ ]	Terça [ ]	Quarta [ ]	Quinta [
SOBREVIVÊNCIA				
LAZER E VÍCIOS				
CULTURA				
EXTRAS				
TOTAL				

ta [ ]	Sábado [ ]	Domingo[ ]

TÍTULO	VALOR
Sobrevivência	
• Alimentação	
• Farmácia	
• Transporte	
• Filhos	
• Animais de estimação	
• ...	
• ...	
• ...	
TOTAL de sobrevivência	
Lazer e vícios	
• Bares	
• Restaurantes	
• Fast-food	
• Baladas	
• Cigarros	
• Cosméticos	
• Roupas	
• ...	
TOTAL de lazer e vícios	
Cultura	
• Livros	
• Música	
• Espetáculos	
• Filmes	
• Jornais e revistas	
• ...	
• ...	
• ...	
TOTAL de cultura	
Extras	
• Viagens	
• Presentes	
• Consertos	
• Coisas do lar	
• Eletrônicos	
• ...	
TOTAL de extras	
TOTAL semanal R$	

KAKEBO

	Segunda [ ]	Terça [ ]	Quarta [ ]	Quinta [
SOBREVIVÊNCIA				
LAZER E VÍCIOS				
CULTURA				
EXTRAS				
TOTAL				

			ta [ ]	Sábado [ ]	Domingo [ ]

TÍTULO	VALOR
Sobrevivência	
• Alimentação	
• Farmácia	
• Transporte	
• Filhos	
• Animais de estimação	
• ...	
• ...	
• ...	
TOTAL de sobrevivência	
Lazer e vícios	
• Bares	
• Restaurantes	
• Fast-food	
• Baladas	
• Cigarros	
• Cosméticos	
• Roupas	
• ...	
TOTAL de lazer e vícios	
Cultura	
• Livros	
• Música	
• Espetáculos	
• Filmes	
• Jornais e revistas	
• ...	
• ...	
• ...	
TOTAL de cultura	
Extras	
• Viagens	
• Presentes	
• Consertos	
• Coisas do lar	
• Eletrônicos	
• ...	
TOTAL de extras	
TOTAL semanal R$	

	Segunda [ ]	Terça [ ]	Quarta [ ]	Quinta [
SOBREVIVÊNCIA				
LAZER E VÍCIOS				
CULTURA				
EXTRAS				
TOTAL				

...a [ ]	Sábado [ ]	Domingo [ ]

TÍTULO	VALOR
Sobrevivência	
• Alimentação	
• Farmácia	
• Transporte	
• Filhos	
• Animais de estimação	
• ...	
• ...	
• ...	
TOTAL de sobrevivência	
Lazer e vícios	
• Bares	
• Restaurantes	
• Fast-food	
• Baladas	
• Cigarros	
• Cosméticos	
• Roupas	
• ...	
TOTAL de lazer e vícios	
Cultura	
• Livros	
• Música	
• Espetáculos	
• Filmes	
• Jornais e revistas	
• ...	
• ...	
• ...	
TOTAL de cultura	
Extras	
• Viagens	
• Presentes	
• Consertos	
• Coisas do lar	
• Eletrônicos	
• ...	
TOTAL de extras	
TOTAL semanal R$	

KAKEBO

DIÁRIO DE GASTOS

	Segunda [ ]	Terça [ ]	Quarta [ ]	Quinta [
SOBREVIVÊNCIA				
LAZER E VÍCIOS				
CULTURA				
EXTRAS				
TOTAL				

		Sábado [ ]	Domingo [ ]

TÍTULO	VALOR
Sobrevivência	
• Alimentação	
• Farmácia	
• Transporte	
• Filhos	
• Animais de estimação	
• ...	
• ...	
• ...	
TOTAL de sobrevivência	
Lazer e vícios	
• Bares	
• Restaurantes	
• Fast-food	
• Baladas	
• Cigarros	
• Cosméticos	
• Roupas	
• ...	
TOTAL de lazer e vícios	
Cultura	
• Livros	
• Música	
• Espetáculos	
• Filmes	
• Jornais e revistas	
• ...	
• ...	
• ...	
TOTAL de cultura	
Extras	
• Viagens	
• Presentes	
• Consertos	
• Coisas do lar	
• Eletrônicos	
• ...	
TOTAL de extras	
TOTAL semanal R$	

FIM DE MÊS!

Seus gastos semanais	
Semana #1	
Semana #2	
Semana #3	
Semana #4	
Semana #5	
TOTAL de gastos mensais	R$

Quanto dinheiro você tinha no bolso?
R$

−

Total de gastos mensais:
R$

=

Seu bolso hoje:
R$

Conseguiu atingir seus objetivos mensais? SIM◯ NÃO◯ QUASE◯

Cumpriu suas promessas? SIM◯ NÃO◯ QUASE◯

Reflita sobre seus êxitos, esforços, fracassos

Previsão inicial de economia

R$

Economia re

R$

Gastos com sobrevivência	
Semana #1	
Semana #2	
Semana #3	
Semana #4	
Semana #5	
TOTAL	

Gastos com lazer e vícios	
Semana #1	
Semana #2	
Semana #3	
Semana #4	
Semana #5	
TOTAL	

Gastos com cultura	
Semana #1	
Semana #2	
Semana #3	
Semana #4	
Semana #5	
TOTAL	

Gastos extras	
Semana #1	
Semana #2	
Semana #3	
Semana #4	
Semana #5	
TOTAL	

Gastos com ...	
Semana #1	
Semana #2	
Semana #3	
Semana #4	
Semana #5	
TOTAL	

Gastos com ...	
Semana #1	
Semana #2	
Semana #3	
Semana #4	
Semana #5	
TOTAL	

Gastos com ...	
Semana #1	
Semana #2	
Semana #3	
Semana #4	
Semana #5	
TOTAL	

Gastos com ...	
Semana #1	
Semana #2	
Semana #3	
Semana #4	
Semana #5	
TOTAL	

Gastos com ...	
Semana #1	
Semana #2	
Semana #3	
Semana #4	
Semana #5	
TOTAL	

ORGANIZE SEUS FATURAMENTOS E SUAS DESPESAS MENSAI

Faturamentos

Data: /	Título:	Valor:	Data: /	Título:	Valor:
Data: /	Título:	Valor:	Data: /	Título:	Valor:
Data: /	Título:	Valor:	**TOTAL**		**1** R$

Despesas fixas

Aluguel / Financiamento	Valor:	Taxa de autônomo	Valor:	...	Valor:	...	Valor:
Água	Valor:	Plano de saúde	Valor:	...	Valor:	...	Valor:
Luz	Valor:	Colégio	Valor:	...	Valor:	...	Valor:
Gás	Valor:	Créditos e dívidas	Valor:	...	Valor:	...	Valor:
Telefone fixo/ Internet	Valor:	...	Valor:	...	Valor:	...	Valor:
Celular	Valor:	...	Valor:	...	Valor:	...	Valor:
Transporte	Valor:	...	Valor:	...	Valor:	...	Valor:
Estacionamento	Valor:	...	Valor:	...	Valor:	...	Valor:
Academia	Valor:	...	Valor:	...	Valor:	...	Valor:
Educação	Valor:	...	Valor:	**TOTAL**		**2** R$	

Quanto você tem no bolso para passar o mês?

1 — **2** = R$

[
- -
]

"Se você não sabe o que quer, termina com um monte de coisas das quais não precisa."
Chuck Palahniuk

Começa o mês!

Quais são seus objetivos mensais?

Prometo..."

Sua previsão de economia

R$

	Segunda [ ]	Terça [ ]	Quarta [ ]	Quinta [
SOBREVIVÊNCIA				
LAZER E VÍCIOS				
CULTURA				
EXTRAS				
TOTAL				

...ta [ ]	Sábado [ ]	Domingo [ ]

TÍTULO	VALOR
Sobrevivência	
• Alimentação	
• Farmácia	
• Transporte	
• Filhos	
• Animais de estimação	
• ...	
• ...	
• ...	
TOTAL de sobrevivência	
Lazer e vícios	
• Bares	
• Restaurantes	
• Fast-food	
• Baladas	
• Cigarros	
• Cosméticos	
• Roupas	
• ...	
TOTAL de lazer e vícios	
Cultura	
• Livros	
• Música	
• Espetáculos	
• Filmes	
• Jornais e revistas	
• ...	
• ...	
• ...	
TOTAL de cultura	
Extras	
• Viagens	
• Presentes	
• Consertos	
• Coisas do lar	
• Eletrônicos	
• ...	
TOTAL de extras	
TOTAL semanal R$	

KAKEBO

	Segunda [ ]	Terça [ ]	Quarta [ ]	Quinta [
SOBREVIVÊNCIA				
LAZER E VÍCIOS				
CULTURA				
EXTRAS				
TOTAL				

ta [ ]	Sábado [ ]	Domingo [ ]	

TÍTULO	VALOR
Sobrevivência	
• Alimentação	
• Farmácia	
• Transporte	
• Filhos	
• Animais de estimação	
• ...	
• ...	
• ...	
TOTAL de sobrevivência	
Lazer e vícios	
• Bares	
• Restaurantes	
• Fast-food	
• Baladas	
• Cigarros	
• Cosméticos	
• Roupas	
• ...	
TOTAL de lazer e vícios	
Cultura	
• Livros	
• Música	
• Espetáculos	
• Filmes	
• Jornais e revistas	
• ...	
• ...	
• ...	
TOTAL de cultura	
Extras	
• Viagens	
• Presentes	
• Consertos	
• Coisas do lar	
• Eletrônicos	
• ...	
TOTAL de extras	
TOTAL semanal R$	

	Segunda [ ]	Terça [ ]	Quarta [ ]	Quinta [
SOBREVIVÊNCIA				
LAZER E VÍCIOS				
CULTURA				
EXTRAS				
TOTAL				

ta [ ]	Sábado [ ]	Domingo [ ]

TÍTULO	VALOR
Sobrevivência	
• Alimentação	
• Farmácia	
• Transporte	
• Filhos	
• Animais de estimação	
• ...	
• ...	
• ...	
TOTAL de sobrevivência	
Lazer e vícios	
• Bares	
• Restaurantes	
• Fast-food	
• Baladas	
• Cigarros	
• Cosméticos	
• Roupas	
• ...	
TOTAL de lazer e vícios	
Cultura	
• Livros	
• Música	
• Espetáculos	
• Filmes	
• Jornais e revistas	
• ...	
• ...	
• ...	
TOTAL de cultura	
Extras	
• Viagens	
• Presentes	
• Consertos	
• Coisas do lar	
• Eletrônicos	
• ...	
TOTAL de extras	
TOTAL semanal R$	

KAKEBO

DIÁRIO DE GASTOS

	Segunda [ ]	Terça [ ]	Quarta [ ]	Quinta [
SOBREVIVÊNCIA				
LAZER E VÍCIOS				
CULTURA				
EXTRAS				
TOTAL				

a [ ]	Sábado [ ]	Domingo [ ]

TÍTULO	VALOR
Sobrevivência	
• Alimentação	
• Farmácia	
• Transporte	
• Filhos	
• Animais de estimação	
• ...	
• ...	
• ...	
TOTAL de sobrevivência	
Lazer e vícios	
• Bares	
• Restaurantes	
• Fast-food	
• Baladas	
• Cigarros	
• Cosméticos	
• Roupas	
• ...	
TOTAL de lazer e vícios	
Cultura	
• Livros	
• Música	
• Espetáculos	
• Filmes	
• Jornais e revistas	
• ...	
• ...	
• ...	
TOTAL de cultura	
Extras	
• Viagens	
• Presentes	
• Consertos	
• Coisas do lar	
• Eletrônicos	
• ...	
TOTAL de extras	
TOTAL semanal R$	

KAKEBO

	Segunda [ ]	Terça [ ]	Quarta [ ]	Quinta [
SOBREVIVÊNCIA				
LAZER E VÍCIOS				
CULTURA				
EXTRAS				
TOTAL				

ta [ ]	Sábado [ ]	Domingo [ ]

TÍTULO	VALOR
Sobrevivência	
• Alimentação	
• Farmácia	
• Transporte	
• Filhos	
• Animais de estimação	
• ...	
• ...	
• ...	
TOTAL de sobrevivência	
Lazer e vícios	
• Bares	
• Restaurantes	
• Fast-food	
• Baladas	
• Cigarros	
• Cosméticos	
• Roupas	
• ...	
TOTAL de lazer e vícios	
Cultura	
• Livros	
• Música	
• Espetáculos	
• Filmes	
• Jornais e revistas	
• ...	
• ...	
• ...	
TOTAL de cultura	
Extras	
• Viagens	
• Presentes	
• Consertos	
• Coisas do lar	
• Eletrônicos	
• ...	
TOTAL de extras	
TOTAL semanal R$	

KAKEBO

FIM DE MÊS!

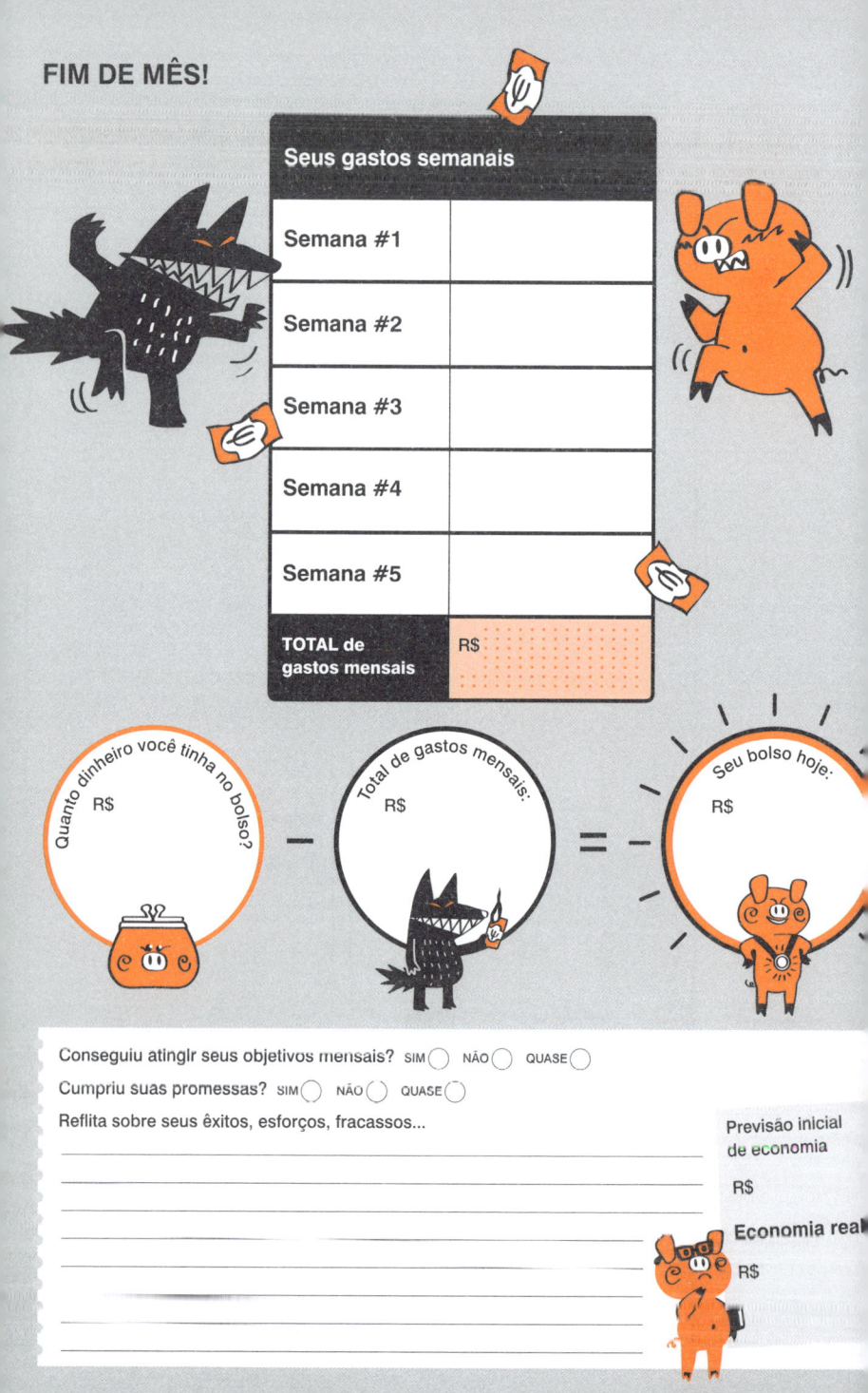

Seus gastos semanais

Semana #1	
Semana #2	
Semana #3	
Semana #4	
Semana #5	
TOTAL de gastos mensais	R$

Quanto dinheiro você tinha no bolso?
R$

—

Total de gastos mensais:
R$

=

Seu bolso hoje:
R$

Conseguiu atinglr seus objetivos mensais? SIM ◯ NÃO ◯ QUASE ◯

Cumpriu suas promessas? SIM ◯ NÃO ◯ QUASE ◯

Reflita sobre seus êxitos, esforços, fracassos...

_____

_____

_____

_____

_____

_____

_____

Previsão inicial de economia

R$

Economia real

R$

Gastos com sobrevivência	
Semana #1	
Semana #2	
Semana #3	
Semana #4	
Semana #5	
TOTAL	

Gastos com lazer e vícios	
Semana #1	
Semana #2	
Semana #3	
Semana #4	
Semana #5	
TOTAL	

Gastos com cultura	
Semana #1	
Semana #2	
Semana #3	
Semana #4	
Semana #5	
TOTAL	

Gastos extras	
Semana #1	
Semana #2	
Semana #3	
Semana #4	
Semana #5	
TOTAL	

Gastos com ...	
Semana #1	
Semana #2	
Semana #3	
Semana #4	
Semana #5	
TOTAL	

Gastos com ...	
Semana #1	
Semana #2	
Semana #3	
Semana #4	
Semana #5	
TOTAL	

Gastos com ...	
Semana #1	
Semana #2	
Semana #3	
Semana #4	
Semana #5	
TOTAL	

Gastos com ...	
Semana #1	
Semana #2	
Semana #3	
Semana #4	
Semana #5	
TOTAL	

Gastos com ...	
Semana #1	
Semana #2	
Semana #3	
Semana #4	
Semana #5	
TOTAL	

ORGANIZE SEUS FATURAMENTOS E SUAS DESPESAS MENSAI

Faturamentos

Data:	Título:	Valor:	Data:	Título:	Valor:
/			/		
Data:	Título:	Valor:	Data:	Título:	Valor:
/			/		
Data:	Título:	Valor:	**TOTAL**		**1** R$
/					

Despesas fixas

Aluguel / Financiamento	Valor:	Taxa de autônomo	Valor:	...	Valor:	...	Valor:
Água	Valor:	Plano de saúde	Valor:	...	Valor:	...	Valor:
Luz	Valor:	Colégio	Valor:	...	Valor:	...	Valor:
Gás	Valor:	Créditos e dívidas	Valor:	...	Valor:	...	Valor:
Telefone fixo/ Internet	Valor:	...	Valor:	...	Valor:	...	Valor:
Celular	Valor:	...	Valor:	...	Valor:	...	Valor:
Transporte	Valor:	...	Valor:	...	Valor:	...	Valor:
Estacionamento	Valor:	...	Valor:	...	Valor:	...	Valor:
Academia	Valor:	...	Valor:	...	Valor:	...	Valor:
Educação	Valor:	...	Valor:	**TOTAL**		**2** R$	

Quanto você tem no bolso para passar o mês?

 **1** – **2** = R$

[
- -
]

"Aquele que possui o suficiente
para fazer o bem aos outros é rico."
Thomas Brown

Começa o mês!

Quais são seus objetivos mensais?

"Prometo..."

Sua previsão de
economia

R$

KAKEBO

	Segunda [ ]	Terça [ ]	Quarta [ ]	Quinta [
SOBREVIVÊNCIA				
LAZER E VÍCIOS				
CULTURA				
EXTRAS				
TOTAL				

ta [ ]	Sábado [ ]	Domingo [ ]	TÍTULO	VALOR
			Sobrevivência	
			• Alimentação	
			• Farmácia	
			• Transporte	
			• Filhos	
			• Animais de estimação	
			• ...	
			• ...	
			• ...	
			TOTAL de sobrevivência	
			Lazer e vícios	
			• Bares	
			• Restaurantes	
			• Fast-food	
			• Baladas	
			• Cigarros	
			• Cosméticos	
			• Roupas	
			• ...	
			TOTAL de lazer e vícios	
			Cultura	
			• Livros	
			• Música	
			• Espetáculos	
			• Filmes	
			• Jornais e revistas	
			• ...	
			• ...	
			• ...	
			TOTAL de cultura	
			Extras	
			• Viagens	
			• Presentes	
			• Consertos	
			• Coisas do lar	
			• Eletrônicos	
			• ...	
			TOTAL de extras	
			TOTAL semanal R$	

	Segunda [ ]	Terça [ ]	Quarta [ ]	Quinta [
SOBREVIVÊNCIA				
LAZER E VÍCIOS				
CULTURA				
EXTRAS				
TOTAL				

ta [ ]	Sábado [ ]	Domingo [ ]

TÍTULO	VALOR
Sobrevivência	
• Alimentação	
• Farmácia	
• Transporte	
• Filhos	
• Animais de estimação	
• ...	
• ...	
• ...	
TOTAL de sobrevivência	
Lazer e vícios	
• Bares	
• Restaurantes	
• Fast-food	
• Baladas	
• Cigarros	
• Cosméticos	
• Roupas	
• ...	
TOTAL de lazer e vícios	
Cultura	
• Livros	
• Música	
• Espetáculos	
• Filmes	
• Jornais e revistas	
• ...	
• ...	
• ...	
TOTAL de cultura	
Extras	
• Viagens	
• Presentes	
• Consertos	
• Coisas do lar	
• Eletrônicos	
• ...	
TOTAL de extras	
TOTAL semanal R$	

KAKEBO

	Segunda [ ]	Terça [ ]	Quarta [ ]	Quinta [
SOBREVIVÊNCIA				
LAZER E VÍCIOS				
CULTURA				
EXTRAS				
TOTAL				

	ta [ ]	Sábado [ ]	Domingo [ ]

TÍTULO	VALOR
Sobrevivência	
• Alimentação	
• Farmácia	
• Transporte	
• Filhos	
• Animais de estimação	
• ...	
• ...	
• ...	
TOTAL de sobrevivência	
Lazer e vícios	
• Bares	
• Restaurantes	
• Fast-food	
• Baladas	
• Cigarros	
• Cosméticos	
• Roupas	
• ...	
TOTAL de lazer e vícios	
Cultura	
• Livros	
• Música	
• Espetáculos	
• Filmes	
• Jornais e revistas	
• ...	
• ...	
• ...	
TOTAL de cultura	
Extras	
• Viagens	
• Presentes	
• Consertos	
• Coisas do lar	
• Eletrônicos	
• ...	
TOTAL de extras	
TOTAL semanal R$	

KAKEBO

DIÁRIO DE GASTOS

	Segunda [ ]	Terça [ ]	Quarta [ ]	Quinta [
SOBREVIVÊNCIA				
LAZER E VÍCIOS				
CULTURA				
EXTRAS				
TOTAL				

		Sábado [ ]	Domingo [ ]
a [ ]			

TÍTULO	VALOR
Sobrevivência	
• Alimentação	
• Farmácia	
• Transporte	
• Filhos	
• Animais de estimação	
• ...	
• ...	
• ...	
TOTAL de sobrevivência	
Lazer e vícios	
• Bares	
• Restaurantes	
• Fast-food	
• Baladas	
• Cigarros	
• Cosméticos	
• Roupas	
• ...	
TOTAL de lazer e vícios	
Cultura	
• Livros	
• Música	
• Espetáculos	
• Filmes	
• Jornais e revistas	
• ...	
• ...	
• ...	
TOTAL de cultura	
Extras	
• Viagens	
• Presentes	
• Consertos	
• Coisas do lar	
• Eletrônicos	
• ...	
TOTAL de extras	
TOTAL semanal R$	

KAKEBO

DIÁRIO DE GASTOS

	Segunda [ ]	Terça [ ]	Quarta [ ]	Quinta [
SOBREVIVÊNCIA				
LAZER E VÍCIOS				
CULTURA				
EXTRAS				
TOTAL				

ta [ ]	Sábado [ ]	Domingo [ ]

TÍTULO	VALOR
Sobrevivência	
• Alimentação	
• Farmácia	
• Transporte	
• Filhos	
• Animais de estimação	
• ...	
• ...	
• ...	
TOTAL de sobrevivência	
Lazer e vícios	
• Bares	
• Restaurantes	
• Fast-food	
• Baladas	
• Cigarros	
• Cosméticos	
• Roupas	
• ...	
TOTAL de lazer e vícios	
Cultura	
• Livros	
• Música	
• Espetáculos	
• Filmes	
• Jornais e revistas	
• ...	
• ...	
• ...	
TOTAL de cultura	
Extras	
• Viagens	
• Presentes	
• Consertos	
• Coisas do lar	
• Eletrônicos	
• ...	
TOTAL de extras	
TOTAL semanal R$	

FIM DE MÊS!

Seus gastos semanais

Semana #1	
Semana #2	
Semana #3	
Semana #4	
Semana #5	
TOTAL de gastos mensais	R$

Quanto dinheiro você tinha no bolso?
R$

−

Total de gastos mensais:
R$

=

Seu bolso hoje:
R$

Conseguiu atingir seus objetivos mensais? SIM ◯ NÃO ◯ QUASE ◯

Cumpriu suas promessas? SIM ◯ NÃO ◯ QUASE ◯

Reflita sobre seus êxitos, esforços, fracassos...

Previsão inicial de economia

R$

Economia re

n$

Gastos com sobrevivência

Semana #1	
Semana #2	
Semana #3	
Semana #4	
Semana #5	
TOTAL	

Gastos com lazer e vícios

Semana #1	
Semana #2	
Semana #3	
Semana #4	
Semana #5	
TOTAL	

Gastos com cultura

Semana #1	
Semana #2	
Semana #3	
Semana #4	
Semana #5	
TOTAL	

Gastos extras

Semana #1	
Semana #2	
Semana #3	
Semana #4	
Semana #5	
TOTAL	

Gastos com ...

Semana #1	
Semana #2	
Semana #3	
Semana #4	
Semana #5	
TOTAL	

Gastos com ...

Semana #1	
Semana #2	
Semana #3	
Semana #4	
Semana #5	
TOTAL	

Gastos com ...

Semana #1	
Semana #2	
Semana #3	
Semana #4	
Semana #5	
TOTAL	

Gastos com ...

Semana #1	
Semana #2	
Semana #3	
Semana #4	
Semana #5	
TOTAL	

Gastos com ...

Semana #1	
Semana #2	
Semana #3	
Semana #4	
Semana #5	
TOTAL	

ORGANIZE SEUS FATURAMENTOS E SUAS DESPESAS MENSA

Faturamentos

Data:	Título:	Valor:	Data:	Título:	Valor:
/			/		
Data:	Título:	Valor:	Data:	Título:	Valor:
/			/		
Data:	Título:	Valor:	**TOTAL**		**1** R$
/					

Despesas fixas

	Valor:		Valor:		Valor:		Valor:
Aluguel / Financia-mento		Taxa de autônomo		...		...	
Água		Plano de saúde		...		...	
Luz		Colégio		...		...	
Gás		Créditos e dívidas		...		...	
Telefone fixo/ Internet		...		...		...	
Celular		...		...		...	
Transporte		...		...		...	
Estaciona-mento		...		...		...	
Academia		...		...		...	
Educação		...		**TOTAL**		**2** R$	

Quanto você tem no bolso para passar o mês?

 **1** — **2** = R$

[
- -
]

"O que é o dinheiro? O sucesso de uma pessoa consiste em levantar-se de manhã, deitar-se à noite e, nesse meio-tempo, fazer o que tem vontade."
Bob Dylan

Começa o mês!

ais são seus objetivos mensais?

ometo..."

Sua previsão de economia

R$

	Segunda [ ]	Terça [ ]	Quarta [ ]	Quinta [
SOBREVIVÊNCIA				
LAZER E VÍCIOS				
CULTURA				
EXTRAS				
TOTAL				

...a [ ]	Sábado [ ]	Domingo [ ]

TÍTULO	VALOR
Sobrevivência	
• Alimentação	
• Farmácia	
• Transporte	
• Filhos	
• Animais de estimação	
• ...	
• ...	
• ...	
TOTAL de sobrevivência	
Lazer e vícios	
• Bares	
• Restaurantes	
• Fast-food	
• Baladas	
• Cigarros	
• Cosméticos	
• Roupas	
• ...	
TOTAL de lazer e vícios	
Cultura	
• Livros	
• Música	
• Espetáculos	
• Filmes	
• Jornais e revistas	
• ...	
• ...	
• ...	
TOTAL de cultura	
Extras	
• Viagens	
• Presentes	
• Consertos	
• Coisas do lar	
• Eletrônicos	
• ...	
TOTAL de extras	
TOTAL semanal R$	

KAKEBO

	Segunda [ ]	Terça [ ]	Quarta [ ]	Quinta [
SOBREVIVÊNCIA				
LAZER E VÍCIOS				
CULTURA				
EXTRAS				
TOTAL				

...ta [ ]	Sábado [ ]	Domingo [ ]

TÍTULO	VALOR
Sobrevivência	
• Alimentação	
• Farmácia	
• Transporte	
• Filhos	
• Animais de estimação	
• ...	
• ...	
• ...	
TOTAL de sobrevivência	
Lazer e vícios	
• Bares	
• Restaurantes	
• Fast-food	
• Baladas	
• Cigarros	
• Cosméticos	
• Roupas	
• ...	
TOTAL de lazer e vícios	
Cultura	
• Livros	
• Música	
• Espetáculos	
• Filmes	
• Jornais e revistas	
• ...	
• ...	
• ...	
TOTAL de cultura	
Extras	
• Viagens	
• Presentes	
• Consertos	
• Coisas do lar	
• Eletrônicos	
• ...	
TOTAL de extras	
TOTAL semanal R$	

DIÁRIO DE GASTOS

	Segunda [ ]	Terça [ ]	Quarta [ ]	Quinta [
SOBREVIVÊNCIA				
LAZER E VÍCIOS				
CULTURA				
EXTRAS				
TOTAL				

...xta [ ]	Sábado [ ]	Domingo [ ]

TÍTULO	VALOR
Sobrevivência	
• Alimentação	—
• Farmácia	—
• Transporte	—
• Filhos	—
• Animais de estimação	—
• ...	—
• ...	—
• ...	—
TOTAL de sobrevivência	
Lazer e vícios	
• Bares	—
• Restaurantes	—
• Fast-food	—
• Baladas	—
• Cigarros	—
• Cosméticos	—
• Roupas	—
• ...	—
TOTAL de lazer e vícios	
Cultura	
• Livros	—
• Música	—
• Espetáculos	—
• Filmes	—
• Jornais e revistas	—
• ...	—
• ...	—
• ...	—
TOTAL de cultura	
Extras	
• Viagens	—
• Presentes	—
• Consertos	—
• Coisas do lar	—
• Eletrônicos	—
• ...	—
TOTAL de extras	
TOTAL semanal R$	

KAKEBO

[_ _ _ _ _ _ _ _ _ _ _ _ _ _]

	Segunda [ ]	Terça [ ]	Quarta [ ]	Quinta [
SOBREVIVÊNCIA				
LAZER E VÍCIOS				
CULTURA				
EXTRAS				
TOTAL				

ta [ ]	Sábado [ ]	Domingo [ ]

TÍTULO	VALOR
Sobrevivência	
• Alimentação	
• Farmácia	
• Transporte	
• Filhos	
• Animais de estimação	
• ...	
• ...	
• ...	
TOTAL de sobrevivência	
Lazer e vícios	
• Bares	
• Restaurantes	
• Fast-food	
• Baladas	
• Cigarros	
• Cosméticos	
• Roupas	
• ...	
TOTAL de lazer e vícios	
Cultura	
• Livros	
• Música	
• Espetáculos	
• Filmes	
• Jornais e revistas	
• ...	
• ...	
• ...	
TOTAL de cultura	
Extras	
• Viagens	
• Presentes	
• Consertos	
• Coisas do lar	
• Eletrônicos	
• ...	
TOTAL de extras	
TOTAL semanal R$	

KAKEBO

	Segunda [ ]	Terça [ ]	Quarta [ ]	Quinta [
SOBREVIVÊNCIA				
LAZER E VÍCIOS				
CULTURA				
EXTRAS				
TOTAL				

ta [ ]	Sábado [ ]	Domingo [ ]

TÍTULO	VALOR
Sobrevivência	
• Alimentação	
• Farmácia	
• Transporte	
• Filhos	
• Animais de estimação	
• ...	
• ...	
• ...	
TOTAL de sobrevivência	
Lazer e vícios	
• Bares	
• Restaurantes	
• Fast-food	
• Baladas	
• Cigarros	
• Cosméticos	
• Roupas	
• ...	
TOTAL de lazer e vícios	
Cultura	
• Livros	
• Música	
• Espetáculos	
• Filmes	
• Jornais e revistas	
• ...	
• ...	
• ...	
TOTAL de cultura	
Extras	
• Viagens	
• Presentes	
• Consertos	
• Coisas do lar	
• Eletrônicos	
• ...	
TOTAL de extras	
TOTAL semanal R$	

KAKEBO

FIM DE MÊS!

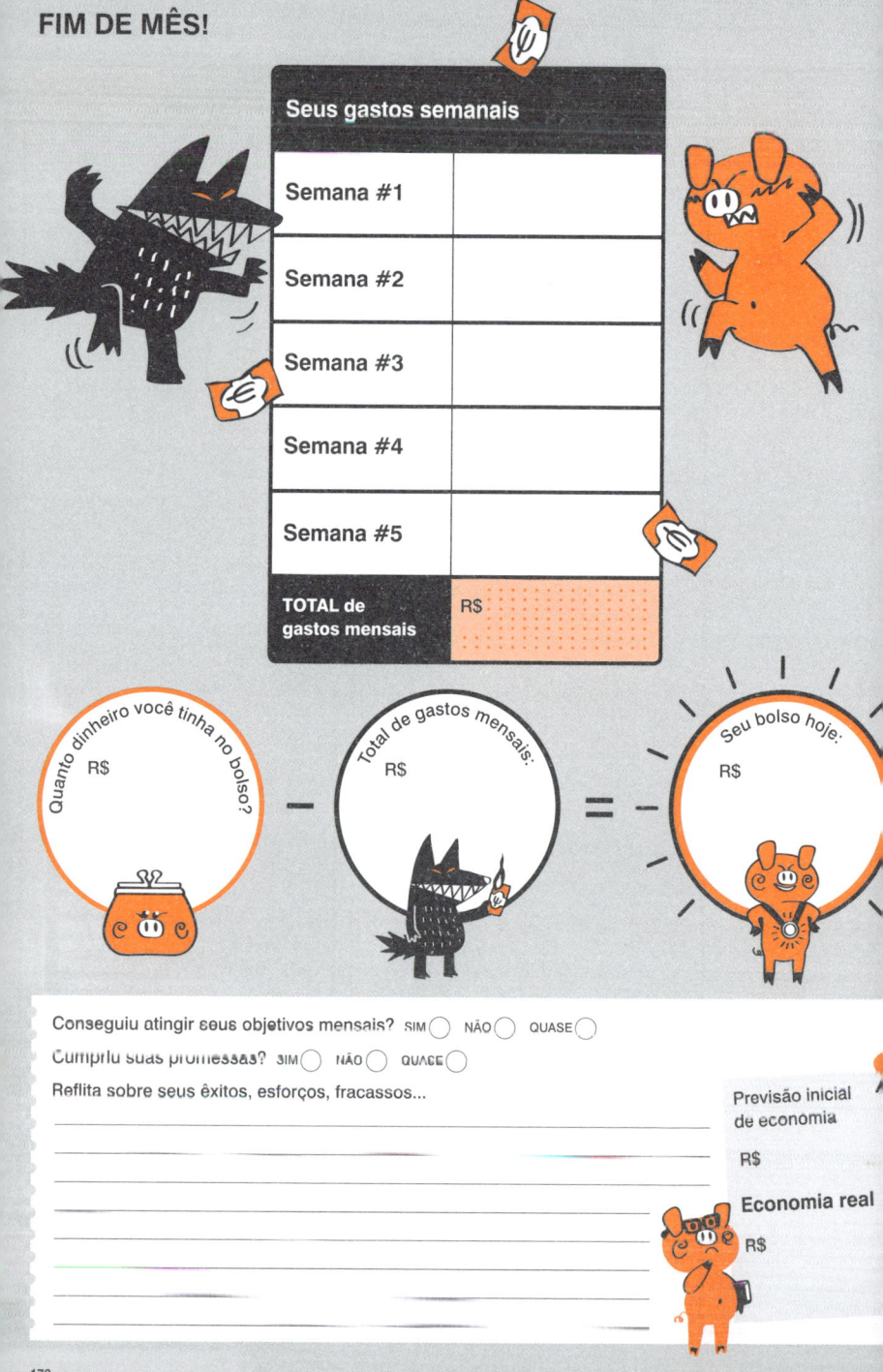

Seus gastos semanais

Semana #1	
Semana #2	
Semana #3	
Semana #4	
Semana #5	
TOTAL de gastos mensais	R$

Quanto dinheiro você tinha no bolso?
R$

−

Total de gastos mensais:
R$

=

Seu bolso hoje:
R$

Conseguiu atingir seus objetivos mensais? SIM ◯ NÃO ◯ QUASE ◯

Cumpriu suas promessas? SIM ◯ NÃO ◯ QUASE ◯

Reflita sobre seus êxitos, esforços, fracassos...

Previsão inicial de economia
R$

Economia real
R$

Gastos com sobrevivência	
Semana #1	
Semana #2	
Semana #3	
Semana #4	
Semana #5	
TOTAL	

Gastos com lazer e vícios	
Semana #1	
Semana #2	
Semana #3	
Semana #4	
Semana #5	
TOTAL	

Gastos com cultura	
Semana #1	
Semana #2	
Semana #3	
Semana #4	
Semana #5	
TOTAL	

Gastos extras	
Semana #1	
Semana #2	
Semana #3	
Semana #4	
Semana #5	
TOTAL	

Gastos com ...	
Semana #1	
Semana #2	
Semana #3	
Semana #4	
Semana #5	
TOTAL	

Gastos com ...	
Semana #1	
Semana #2	
Semana #3	
Semana #4	
Semana #5	
TOTAL	

Gastos com ...	
Semana #1	
Semana #2	
Semana #3	
Semana #4	
Semana #5	
TOTAL	

Gastos com ...	
Semana #1	
Semana #2	
Semana #3	
Semana #4	
Semana #5	
TOTAL	

Gastos com ...	
Semana #1	
Semana #2	
Semana #3	
Semana #4	
Semana #5	
TOTAL	

ORGANIZE SEUS FATURAMENTOS E SUAS DESPESAS MENSAI

Faturamentos

Data:	Título:	Valor:	Data:	Título:	Valor:
/			/		
Data:	Título:	Valor:	Data:	Título:	Valor:
/			/		
Data:	Título:	Valor:	**TOTAL**		**1** R$
/					

Despesas fixas

	Valor:		Valor:		Valor:		Valor:
Aluguel / Financiamento		Taxa de autônomo		...		...	
Água	Valor:	Plano de saúde	Valor:	...	Valor:	...	Valor:
Luz	Valor:	Colégio	Valor:	...	Valor:	...	Valor:
Gás	Valor:	Créditos e dívidas	Valor:	...	Valor:	...	Valor:
Telefone fixo/ Internet	Valor:	...	Valor:	...	Valor:	...	Valor:
Celular	Valor:	...	Valor:	...	Valor:	...	Valor:
Transporte	Valor:	...	Valor:	...	Valor:	...	Valor:
Estacionamento	Valor:	...	Valor:	...	Valor:	...	Valor:
Academia	Valor:	...	Valor:	...	Valor:	...	Valor:
Educação	Valor:	...	Valor:	**TOTAL**		**2** R$	

Quanto você tem no bolso para passar o mês?

 ① — ② = R$

[--------------------------]

"O dinheiro é melhor que a pobreza, ainda que apenas por motivos financeiros."
Woody Allen

Começa o mês!

Quais são seus objetivos mensais?

"Prometo..."

Sua previsão de economia

R$

KAKEBO

	Segunda [ ]	Terça [ ]	Quarta [ ]	Quinta [
SOBREVIVÊNCIA				
LAZER E VÍCIOS				
CULTURA				
EXTRAS				
TOTAL				

ta [ ]	Sábado [ ]	Domingo [ ]

TÍTULO	VALOR
Sobrevivência	
• Alimentação	
• Farmácia	
• Transporte	
• Filhos	
• Animais de estimação	
• ...	
• ...	
• ...	
TOTAL de sobrevivência	
Lazer e vícios	
• Bares	
• Restaurantes	
• Fast-food	
• Baladas	
• Cigarros	
• Cosméticos	
• Roupas	
• ...	
TOTAL de lazer e vícios	
Cultura	
• Livros	
• Música	
• Espetáculos	
• Filmes	
• Jornais e revistas	
• ...	
• ...	
• ...	
TOTAL de cultura	
Extras	
• Viagens	
• Presentes	
• Consertos	
• Coisas do lar	
• Eletrônicos	
• ...	
TOTAL de extras	
TOTAL semanal R$	

KAKEBO

DIÁRIO DE GASTOS

	Segunda [ ]	Terça [ ]	Quarta [ ]	Quinta [
SOBREVIVÊNCIA				
LAZER E VÍCIOS				
CULTURA				
EXTRAS				
TOTAL				

	Sábado [ ]	Domingo [ ]

TÍTULO	VALOR
Sobrevivência	
• Alimentação	
• Farmácia	
• Transporte	
• Filhos	
• Animais de estimação	
• ...	
• ...	
• ...	
TOTAL de sobrevivência	
Lazer e vícios	
• Bares	
• Restaurantes	
• Fast-food	
• Baladas	
• Cigarros	
• Cosméticos	
• Roupas	
• ...	
TOTAL de lazer e vícios	
Cultura	
• Livros	
• Música	
• Espetáculos	
• Filmes	
• Jornais e revistas	
• ...	
• ...	
• ...	
TOTAL de cultura	
Extras	
• Viagens	
• Presentes	
• Consertos	
• Coisas do lar	
• Eletrônicos	
• ...	
TOTAL de extras	
TOTAL semanal R$	

KAKEBO

DIÁRIO DE GASTOS

	Segunda [ ]	Terça [ ]	Quarta [ ]	Quinta [
SOBREVIVÊNCIA				
LAZER E VÍCIOS				
CULTURA				
EXTRAS				
TOTAL				

ta [ ]	Sábado [ ]	Domingo [ ]

TÍTULO	VALOR
Sobrevivência	
• Alimentação	
• Farmácia	
• Transporte	
• Filhos	
• Animais de estimação	
• ...	
• ...	
• ...	
TOTAL de sobrevivência	
Lazer e vícios	
• Bares	
• Restaurantes	
• Fast-food	
• Baladas	
• Cigarros	
• Cosméticos	
• Roupas	
• ...	
TOTAL de lazer e vícios	
Cultura	
• Livros	
• Música	
• Espetáculos	
• Filmes	
• Jornais e revistas	
• ...	
• ...	
• ...	
TOTAL de cultura	
Extras	
• Viagens	
• Presentes	
• Consertos	
• Coisas do lar	
• Eletrônicos	
• ...	
TOTAL de extras	
TOTAL semanal R$	

KAKEBO

[_ _ _ _ _ _ _ _ _ _ _ _ _]

	Segunda [ ]	Terça [ ]	Quarta [ ]	Quinta [
SOBREVIVÊNCIA				
LAZER E VÍCIOS				
CULTURA				
EXTRAS				
TOTAL				

xta [ ]	Sábado [ ]	Domingo [ ]

TÍTULO	VALOR
Sobrevivência	
• Alimentação	
• Farmácia	
• Transporte	
• Filhos	
• Animais de estimação	
• ...	
• ...	
• ...	
TOTAL de sobrevivência	
Lazer e vícios	
• Bares	
• Restaurantes	
• Fast-food	
• Baladas	
• Cigarros	
• Cosméticos	
• Roupas	
• ...	
TOTAL de lazer e vícios	
Cultura	
• Livros	
• Música	
• Espetáculos	
• Filmes	
• Jornais e revistas	
• ...	
• ...	
• ...	
TOTAL de cultura	
Extras	
• Viagens	
• Presentes	
• Consertos	
• Coisas do lar	
• Eletrônicos	
• ...	
TOTAL de extras	
TOTAL semanal R$	

KAKEBO

	Segunda [ ]	Terça [ ]	Quarta [ ]	Quinta [
SOBREVIVÊNCIA				
LAZER E VÍCIOS				
CULTURA				
EXTRAS				
TOTAL				

xta	[ ]	Sábado	[ ]	Domingo	[ ]

TÍTULO	VALOR
Sobrevivência	
• Alimentação	
• Farmácia	
• Transporte	
• Filhos	
• Animais de estimação	
• ...	
• ...	
• ...	
TOTAL de sobrevivência	
Lazer e vícios	
• Bares	
• Restaurantes	
• Fast-food	
• Baladas	
• Cigarros	
• Cosméticos	
• Roupas	
• ...	
TOTAL de lazer e vícios	
Cultura	
• Livros	
• Música	
• Espetáculos	
• Filmes	
• Jornais e revistas	
• ...	
• ...	
• ...	
TOTAL de cultura	
Extras	
• Viagens	
• Presentes	
• Consertos	
• Coisas do lar	
• Eletrônicos	
• ...	
TOTAL de extras	
TOTAL semanal R$	

KAKEBO

FIM DE MÊS!

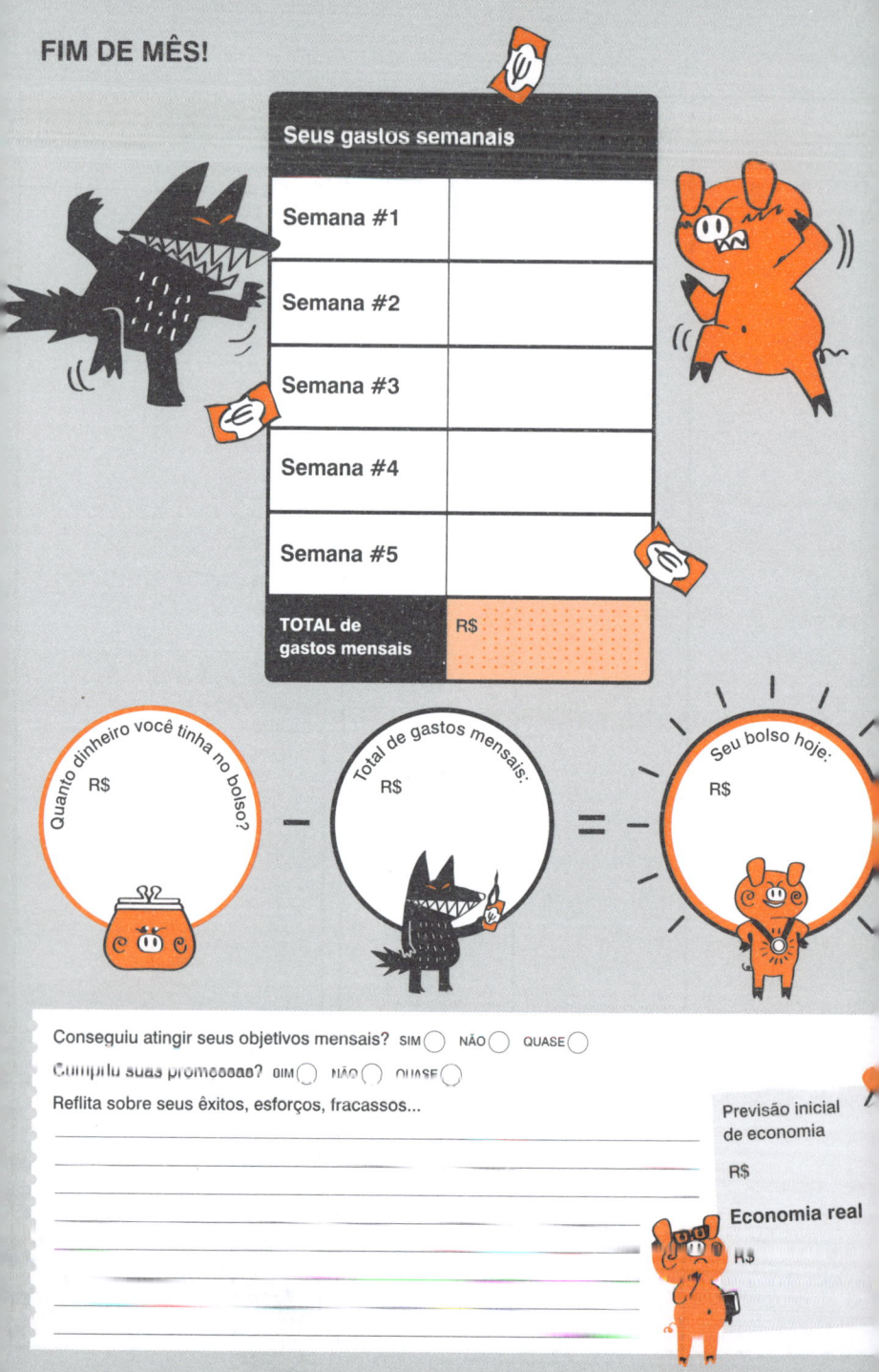

Seus gastos semanais

Semana #1	
Semana #2	
Semana #3	
Semana #4	
Semana #5	
TOTAL de gastos mensais	R$

Quanto dinheiro você tinha no bolso?
R$

−

Total de gastos mensais:
R$

=

Seu bolso hoje:
R$

Conseguiu atingir seus objetivos mensais? SIM ○ NÃO ○ QUASE ○

Cumpriu suas promessas? SIM ○ NÃO ○ QUASE ○

Reflita sobre seus êxitos, esforços, fracassos...

_____
_____
_____
_____
_____
_____
_____

Previsão inicial de economia

R$

Economia real

R$

Gastos com sobrevivência	
Semana #1	
Semana #2	
Semana #3	
Semana #4	
Semana #5	
TOTAL	

Gastos com lazer e vícios	
Semana #1	
Semana #2	
Semana #3	
Semana #4	
Semana #5	
TOTAL	

Gastos com cultura	
Semana #1	
Semana #2	
Semana #3	
Semana #4	
Semana #5	
TOTAL	

Gastos extras	
Semana #1	
Semana #2	
Semana #3	
Semana #4	
Semana #5	
TOTAL	

Gastos com ...	
Semana #1	
Semana #2	
Semana #3	
Semana #4	
Semana #5	
TOTAL	

Gastos com ...	
Semana #1	
Semana #2	
Semana #3	
Semana #4	
Semana #5	
TOTAL	

Gastos com ...	
Semana #1	
Semana #2	
Semana #3	
Semana #4	
Semana #5	
TOTAL	

Gastos com ...	
Semana #1	
Semana #2	
Semana #3	
Semana #4	
Semana #5	
TOTAL	

Gastos com ...	
Semana #1	
Semana #2	
Semana #3	
Semana #4	
Semana #5	
TOTAL	

BALANÇO ANUAL

O ciclo anual acabou, mas o Kakebo não: chegou a hora de pôr as cartas na mesa e fazer o balanço anual de sua economia. **Leia bem as instruções, preencha os gráficos anuais e tente tirar conclusões úteis** para o futuro.

GRÁFICOS DE RESUMO ANUAL

Os **gráficos lineares** a seguir lhe permitirão analisar de maneira visual, e grosso modo, a evolução anual de sua economia. Ambos têm **um eixo de referência para os meses e outro onde você po**... **anotar a escala de dinheiro** que melhor se adapte a seu caso (por ex., de 10 em 10, de 50 em 50...

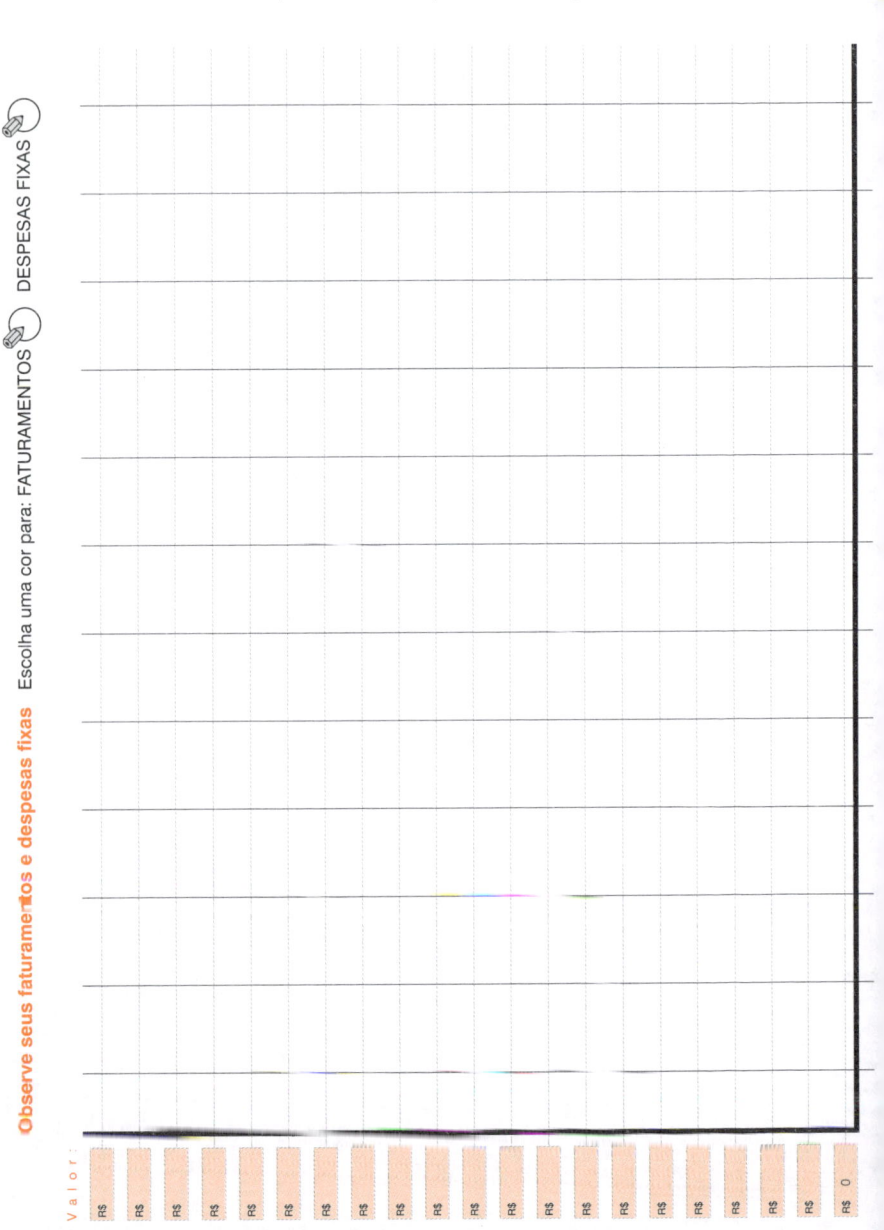

scolha uma cor diferente para cada linha, e mãos à obra. Quando acabar os gráficos, você pode co-
ir o espaço que restar entre as linhas bolso e gastos mensais, para observar como evoluiu sua eco-
mia: quanto mais espaço houver entre ambas, mais você terá economizado durante esse período.

SEUS GASTOS ANUAIS POR CATEGORIAS

Você tem consciência de onde poderia cortar despesas e onde deveria investir mais? O **gráfico de porções** a seguir o ajudará a descobrir.

1. Preencha a tabela com os **totais mensais de cada categoria** e some-os para obter o **total anual (A, B, C e D)**.
2. Escolha **uma cor para cada categoria** e pinte o círculo indicado com um lápis: isso servirá como guia para prencher e interpretar o gráfico.
3. Para obter o gráfico, você tem que levar cada valor para dentro da circunferência, que está dividida em **cem segmentos**.

4. Para isso, **some todos os totais anuais (A, B, C e D) e divida o valor por cem** para obter o **número X**.
5. Divida A, B, C e D pelo número X: o resultado corresponde ao número de **segmentos** que você deverá colorir para cada categoria dentro da circunferência.

Exemplo: Vamos supor que a soma dos totais de todas as categorias é 54.000 (A+B+C+D), que dividido por 100 dá 540 (X). Gastamos com "sobrevivência" (A) 27.000 ao longo do ano: o resultado da divisão por 540 (X) é 50, ou seja, a porcentagem anual de gastos da categoria "sobrevivência" e o número de segmentos que ocupa dentro da circunferência.

MÊS	SOBREVIVÊNCIA	LAZER E VÍCIOS	CULTURA	EXTRAS
	A	B	C	D

(Soma de totais A + B + C + D)   (Divide por 100)   Obtém-se o número X

	÷ 100	=

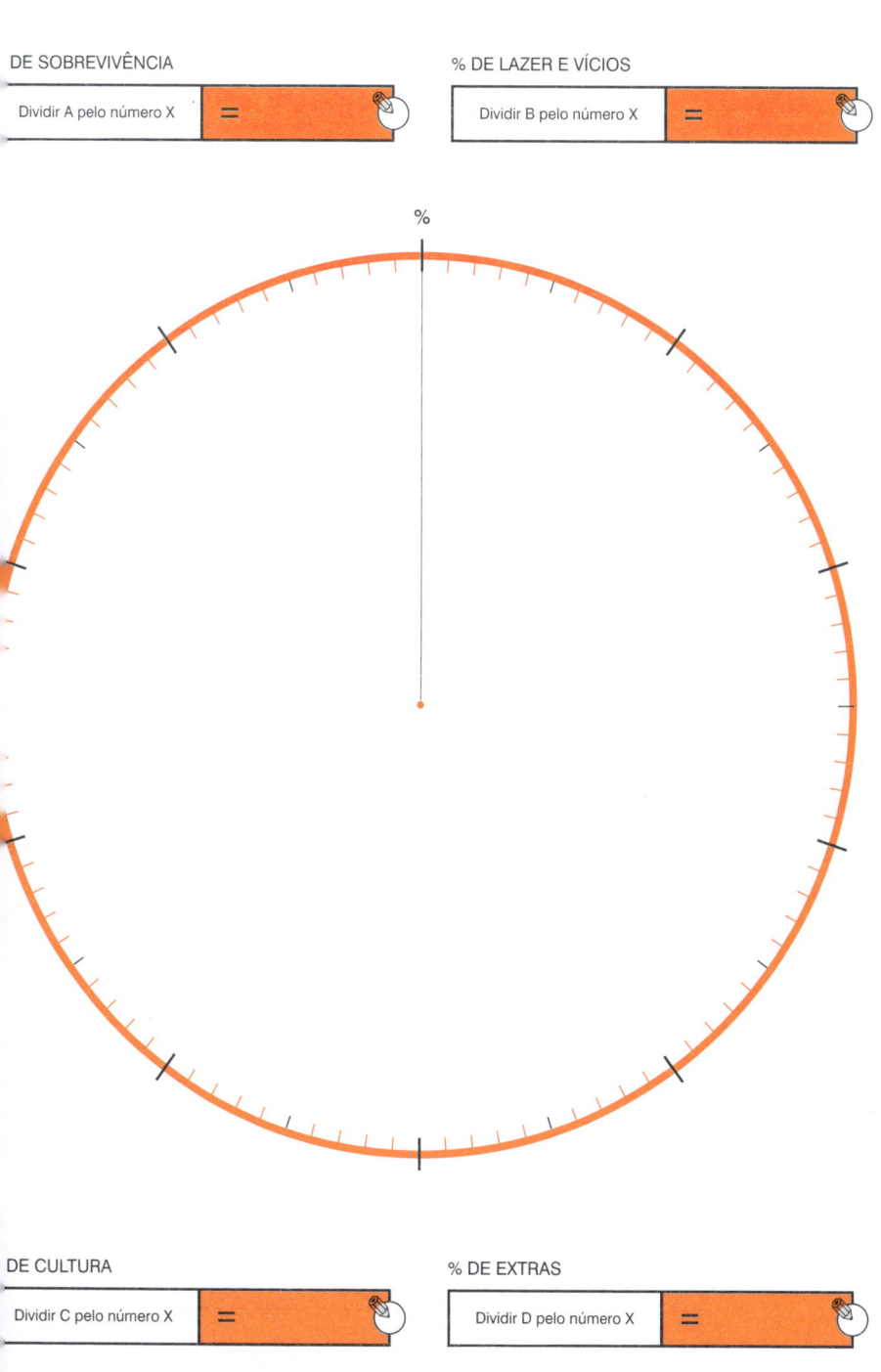

DE SOBREVIVÊNCIA

Dividir A pelo número X | =

% DE LAZER E VÍCIOS

Dividir B pelo número X | =

%

DE CULTURA

Dividir C pelo número X | =

% DE EXTRAS

Dividir D pelo número X | =

KAKEBO

OUTROS GRÁFICOS ANUAIS

Utilize livremente os seguintes gráficos lineares: pode ser interessante analisar a evolução anual de suas despesas, por exemplo, com cigarros, fornecimentos do lar (água, luz e gás), gasolina etc.

cê só tem que dar um título para cada gráfico e marcar a escala de dinheiro que melhor se adapte a
da um no eixo vertical.

Gastos com:

Valor:

R$

R$

R$

R$

R$

R$ 0

MÊS:

Gastos com:

Valor:

R$

R$

R$

R$

R$

R$ 0

MÊS:

Gastos com:

Valor:

R$

R$

R$

R$

R$

R$ 0

MÊS:

QUESTIONÁRIO FINAL

Como foram os últimos doze meses? Nem tudo se reduz a números; também é importante ver como você evoluiu durante esse tempo, como se sentiu, se conseguiu equilibrar seus esforços e resultados.. Responda ao questionário e reflita; pode ser que você aprenda com sua própria experiência.

Do que mais senti falta durante esses doze meses?

_____
_____
_____
_____
_____

Que hábitos de consumo deixei de alimentar graças ao Kakebo?

_____
_____
_____
_____
_____

E quais incorporei à minha vida diária?

_____
_____
_____
_____
_____

Qual foi o mês mais difícil?

- ☐ Janeiro
- ☐ Fevereiro
- ☐ Março
- ☐ Abril
- ☐ Maio
- ☐ Junho
- ☐ Julho
- ☐ Agosto
- ☐ Setembro
- ☐ Outubro
- ☐ Novembro
- ☐ Dezembro

Por quê?

- Tive muitos gastos inesperados ○
- Exagerei em lazer e vícios ○
- Descuidei-me com meus gastos diários ○
- Fui despedido ○
- Recebi com muito atraso ○
- Outros:

_____
_____
_____

Que mês foi mais fácil?

- ☐ Janeiro
- ☐ Fevereiro
- ☐ Março
- ☐ Abril
- ☐ Maio
- ☐ Junho
- ☐ Julho
- ☐ Agosto
- ☐ Setembro
- ☐ Outubro
- ☐ Novembro
- ☐ Dezembro

Por quê?

- Consegui chegar à minha previsão de economia ○
- Cumpri todas as minhas promessas ○
  Atingi meus objetivos ○
- Notei uma melhora em minha economia ○
- Ganhei um dinheiro extra ○
- Outros:

_____
_____
_____

Cumpri a maioria das minhas promessas?
Sim ⚪
Não ⚪
Poderia ter feito melhor ⚪

Que promessas foram mais difíceis de cumprir?
_____
_____
_____
_____
_____

Por quê?
Minha rotina diária dificultou ⚪
Meus horários de trabalho não me permitiram ⚪
Faltou-me disciplina ⚪
Outros:
_____
_____

meus objetivos? Quais ficaram pendentes?
_____
_____
_____
_____
_____

Por quê?
Precisei de mais tempo do que pensei para
atingi-los ⚪
Não pude economizar dinheiro o suficiente para
atingi-los ⚪
Eram pouco realistas ⚪
Fui pouco disciplinado: à medida que os ia
deixando pelo caminho, pulava para o seguinte,
com o mesmo resultado ⚪
Outros:
_____
_____
_____

Notei alguma mudança substancial nos
gastos em alguma das categorias durante
esse tempo?
- Sobrevivência ⚪
- Lazer e vícios ⚪
- Cultura ⚪
- Extras ⚪

Em qual eu gastava mais antes de começar o
Kakebo? E ao acabá-lo?
(Ordene as categorias da maior para a menor.
1 corresponde ao maior gasto e 4 ao menor).
- No início:
Sobrevivência ⚪ / Lazer e vícios ⚪
Cultura ⚪ / Extras ⚪
- No final:
Sobrevivência ⚪ / Lazer e vícios ⚪
Cultura ⚪ / Extras ⚪

O que me fez mais feliz nesses últimos doze
meses?
_____
_____
_____
_____
_____

A respeito do dinheiro e do consumo, aprendi...
- A dividi-lo com os outros ⚪
- Que o dinheiro é um meio, não um fim ⚪
- A curtir mais as pessoas e menos as coisas ⚪
- A ser consciente da repercussão de meus atos
de consumo ⚪
- Outros:
_____
_____
_____

SEUS TRUQUES DE ECONOMIA

Nestas páginas você pode registrar suas táticas de consumo responsável e economia à medida que as for descobrindo. Ponha-as em prática e pontue-as em função de sua utilidade.

Tática:	Onde o aprendeu?
_____	○ Família
_____	○ Amigos
_____	○ Internet
_____	○ Manuais, livros ou revistas
_____	○ Outros...
_____	Pontuação:
_____	○ ★
_____	○ ★ ★
_____	○ ★ ★ ★
_____	○ ★ ★ ★ ★
_____	○ ★ ★ ★ ★ ★

Tática:	Onde o aprendeu?
_____	○ Família
_____	○ Amigos
_____	○ Internet
_____	○ Manuais, livros ou revistas
_____	○ Outros...
_____	Pontuação:
_____	○ ★
_____	○ ★ ★
_____	○ ★ ★ ★
_____	○ ★ ★ ★ ★
_____	○ ★ ★ ★ ★ ★

Tática:	Onde o aprendeu?
_____	○ Família
_____	○ Amigos
_____	○ Internet
_____	○ Manuais, livros ou revistas
_____	○ Outros...
_____	Pontuação:
_____	○ ★
_____	○ ★ ★
_____	○ ★ ★ ★
_____	○ ★ ★ ★ ★
_____	○ ★ ★ ★ ★ ★

Tática:

Onde o aprendeu?
- ○ Família
- ○ Amigos
- ○ Internet
- ○ Manuais, livros ou revistas
- ○ Outros...

Pontuação:
- ○ ★
- ○ ★ ★
- ○ ★ ★ ★
- ○ ★ ★ ★ ★
- ○ ★ ★ ★ ★ ★

Tática:

Onde o aprendeu?
- ○ Família
- ○ Amigos
- ○ Internet
- ○ Manuais, livros ou revistas
- ○ Outros...

Pontuação:
- ○ ★
- ○ ★ ★
- ○ ★ ★ ★
- ○ ★ ★ ★ ★
- ○ ★ ★ ★ ★ ★

Tática:

Onde o aprendeu?
- ○ Família
- ○ Amigos
- ○ Internet
- ○ Manuais, livros ou revistas
- ○ Outros...

Pontuação:
- ○ ★
- ○ ★ ★
- ○ ★ ★ ★
- ○ ★ ★ ★ ★
- ○ ★ ★ ★ ★ ★

ANOTAÇÕES

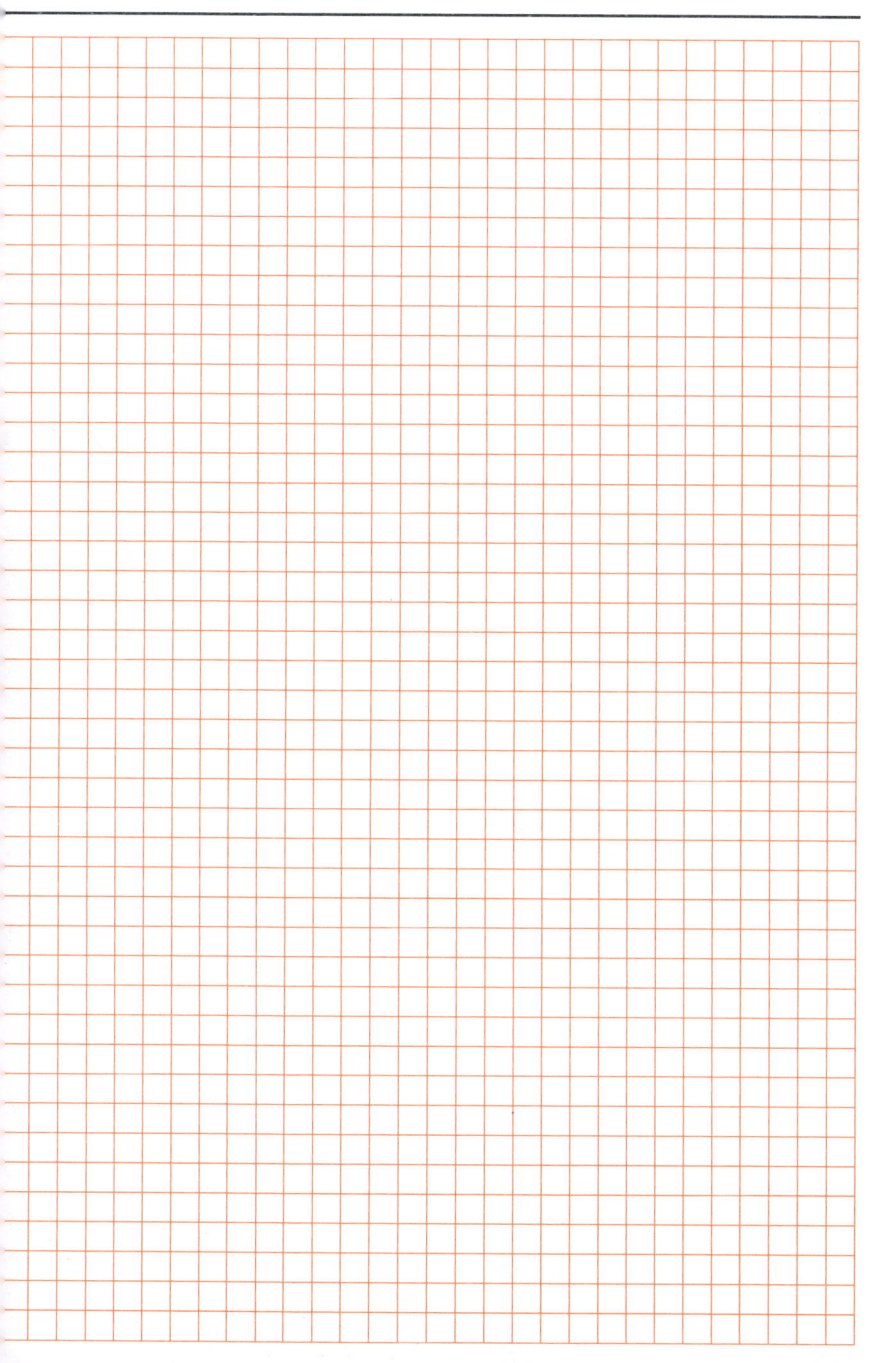

Se você está lendo isto, significa que completou o plano anual do Kakebo. Esperamos que seu porquinho tenha conseguido se safar do ataque do lobo e esteja feliz em seu curral. Tenha ou não cumprido suas promessas e atingido seus objetivos, pense que isso não é o mais importante: ter aprendido algo novo sobre si mesmo durante os últimos doze meses já é uma recompensa de grande valor. Só nos resta desejar que sua vida seja pelo menos um pouco melhor depois deste Kakebo.

E agora? Vamos recomeçar juntos?

また今度ね！

―おわり―